CHANGEMAKERS
A CORAGEM DE TRANSFORMAR O MUNDO

KARINA MIOTTO

CHANGEMAKERS
A CORAGEM DE TRANSFORMAR O MUNDO

É LINDO E TEM PERRENGUE,
MAS PODE SER SEM BURNOUT!

BAMBUAL
editora

Copyright © 2024 Karina Miotto

COORDENAÇÃO EDITORIAL
Isabel Valle

REVISÃO
Vinícius Trindade

CAPA
Luiza Chamma

FOTO DA ORELHA
Yulli Nakamura

ISBN 978-65-89138-56-3

BAMBUAL
editora

www.bambualeditora.com.br
conexao@bambualeditora.com.br

DEDICATÓRIA

A meu sobrinho, Francisco, que ama a natureza e que decidiu aos 10 anos que, quando for adulto, vai morar na Amazônia – juro que tive bem pouca coisa a ver com isso.

A meus pais, irmã e avó querida que sempre me apoiaram em todos os meus sonhos e que seguram firmes na lição do desapego ao me verem peregrinar pelo mundo.

Aos meus ancestrais, por terem me transmitido sua sabedoria e resiliência.

A todos os meus amigos que se importam com um mundo melhor. Vocês são minha tribo e me dão esperança ativa.

Aos que me apoiaram com ações e palavras de incentivo para que este livro nascesse – especialmente você, Tia Helô, que duas semanas antes de encerrar sua missão neste plano, finalmente tocou no primeiro rascunho impresso depois de me perguntar, todas as vezes que nos encontramos, ao longo de três anos: "E aí, Karina? E o livro? Quero ler!". Não deu tempo, você partiu antes, mas reavivou em mim o desejo imenso deste livro ser terminado e publicado.

À minha para sempre Mestra e amada Amazônia, minha eterna gratidão por toda luz, proteção e guiança que recebo de seu espírito, esteja eu onde estiver.

E à Gaia – planeta Terra, mãe de tudo o que existe conforme a mitologia grega e a realidade – por nutrir a minha vida e minha alma pelo seu sagrado corpo.

SUMÁRIO

Prefácio, Paula Abreu – 9
Introdução – 13

PARTE 1
E AÍ VOCÊ SE RECONHECE COMO ALGUÉM QUE QUER MUDAR O MUNDO

Tudo começou com um ritual xamânico – 20
Ativista ou *changemaker*? – 33
...heróis e heroínas de um novo tempo – 34
Melhor ver a dor como amiga do que ter *burnout* – 36
Precisamos falar sobre *burnout* em *changemakers* – 49
Saindo do fundo do poço do *burnout* – 53
Primeiro você, depois sua causa – 60
Espiritualidade é preciso – 73
Quando seguimos o chamado da alma, todas as portas se abrem – 86
Austrália: segui o sol e Chico Xavier me lembrando que o telefone só toca "de lá pra cá" – 92

PARTE 2
E AÍ VOCÊ É *CHANGEMAKER*: CONCEITOS E FERRAMENTAS PARA REFLETIR (E AGIR) FORA DA CAIXA

Ativismo Delicado – 113
Ativismo de ações diretas – 117
Furemos as bolhas – 124
Uma visão amorosa da realidade – 127

O segredo é tocar o coração – 131
Ecologia Profunda e ética planetária – 135
The Work That Reconnects – O Trabalho Que Reconecta – 176

PARTE 3
E AÍ VOCÊ REFAZ A JORNADA: 10 PASSOS PARA VOLTAR AO CENTRO QUANDO FICAR COMPLICADO DE NOVO (PORQUE VAI FICAR)

1. Reconexão com a natureza – 183
2. Reconexão com você mesmo – 195
3. Aceita: você não vai salvar o mundo – 198
4. Gaia não é uma vítima dos humanos – 201
5. Dê um tempo – 202
6. Tenha redes de apoio – 204
7. Permita-se a flexibilidade – 206
8. Confie no fluxo do universo – 210
9. Observe as sincronicidades – 213
10. Por favor: divirta-se! – 217
Lembrar não custa nada – 219
Para inspirar sua jornada – 221

PREFÁCIO

– Paula Abreu

Quando a jornada de alguém se torna um farol de esperança e transformação, é impossível não se sentir chamado a compartilhá-la. É com esse espírito de partilha e comunhão que me aproximo da tarefa de escrever o prefácio para *Changemakers: a coragem de transformar o mundo (É lindo e tem perrengue, mas pode ser sem burnout!)*. Este não é apenas um livro; é um convite para embarcar numa jornada ao coração da mudança, guiada por Karina Miotto, cuja vida é um testemunho do poder da evolução pessoal e planetária.

Karina, por meio de sua narrativa, faz mais do que contar sua história; ela nos convida a reconhecer a nossa própria. Muitos de nós nos lançamos ao ativismo e à mudança social e ambiental com um fervor que borra as fronteiras entre paixão e exaustão. Karina, em sua sinceridade desarmante, não se esquiva de admitir o preço que essa indistinção cobrou dela, um preço que muitos de nós conhecemos intimamente: o *burnout*.

Este livro é, portanto, um bálsamo e um mapa. Karina nos guia através das vastidões da desesperança e do esgotamento, mas, crucialmente, ela nos mostra que há caminhos para fora dessa via escura. Seu relato é tanto uma celebração da resiliência humana quanto uma afirmação de que, sim, é possível cuidar do mundo sem deixar de cuidar de si mesmo.

Karina descreve sua evolução de jornalista ambiental a defensora da autocura e do autocuidado ressaltando um ponto crucial: mudar o mundo começa com a mudança interna. A partir de seus estudos em Ecologia Profunda, suas experiências com O Trabalho Que Reconecta e suas vivências com culturas ancestrais de várias partes do mundo, ela constrói uma narrativa que é um diário pessoal e um manifesto para todos os que desejam ser agentes de mudança sem sacrificar sua saúde e bem-estar.

Um dos aspectos mais cativantes deste livro é a honestidade com que Karina aborda o conceito de *burnout* em ativistas – um tópico frequentemente ignorado ou subestimado. Ela não apenas compartilha sua própria luta e suas dores, mas também nos oferece estratégias para reconhecer as nossas e evitar esse estado de esgotamento extremo. Sua abordagem não é prescritiva, mas sim empática e inclusiva, reconhecendo a diversidade de caminhos e experiências na jornada para mudar o mundo.

Ao entrelaçar suas histórias pessoais com reflexões sobre espiritualidade, intuição e conexão com a natureza, Karina nos lembra de que somos parte de algo maior. Ela nos incentiva a olhar além dos paradigmas dominantes de guerra e separação e a encontrar novas formas de engajamento que sejam sustentáveis, eficazes e, acima de tudo, amorosas.

Changemakers não é apenas para ativistas ambientais, mas para todos os que sentem dentro de si o chamado para fazer a diferença, independentemente da área de atuação. Karina amplia a definição de *changemaker* para incluir qualquer pessoa que trabalha por um futuro mais bonito, seja através da arte, educação, ciência ou de simples atos de bondade no cotidiano.

Ao fechar este livro, você se sentirá inspirado, sim, mas também equipado com uma compreensão mais profunda de como viver e trabalhar de uma maneira que honre tanto suas necessidades pessoais quanto as do planeta. Karina Miotto nos oferece não apenas sua história, mas também sua sabedoria, como um presente para todos nós que sonhamos e trabalhamos por um mundo melhor.

Além de ser um guia prático para evitar o *burnout*, este livro se destaca como um manual de primeiros socorros emocional e espiritual para os que se encontram no campo de batalha da mudança social e ambiental. Karina não nos pede para recuar, mas para avançarmos de forma mais consciente, reconhecendo nossos limites e a importância da recarga e revitalização de nossas energias.

Este livro traz à tona a realidade de que a verdadeira mudança – aquela que é sustentável e impactante – vem de um lugar de equilíbrio e harmonia internos. A jornada de Karina é um testemunho poderoso de que, quando nos permitimos curar e nos reconectar com nossa essência, nosso trabalho no mundo se torna mais poderoso e significativo.

Ao compartilhar as ferramentas e estratégias que a ajudaram a transformar sua dor em propósito e sua exaustão em energia renovada, Karina nos dá a chave para uma nova forma de engajamento – mais gentil consigo e com o mundo. Seu convite para abraçarmos a flexibilidade, a confiança no fluxo do universo e a alegria em nossa missão é tanto revolucionário quanto profundamente necessário.

Changemakers é, em essência, uma obra sobre esperança – não a esperança ingênua de que as coisas melhorem por si só, mas a esperança resiliente que nasce da ação consciente e do compromisso com o autocuidado e a transformação planetária.

Ao nos familiarizarmos com a história de Karina, somos lembrados de que cada um de nós tem um papel único a desempenhar na tapeçaria da mudança. E, mais importante, somos encorajados a abraçar esse papel de todo o coração, mas com as mãos abertas, prontos para soltar quando necessário, para nos cuidarmos e, assim, continuarmos nossa valiosa contribuição para o mundo com vigor renovado e corações leves.

Changemakers não é apenas um livro que você lê; é uma experiência que você vive, respira e incorpora. Karina Miotto nos convida a todos a sermos agentes de mudança que não apenas sonham com um mundo melhor, mas que também têm a coragem, a sabedoria e a força para criar esse mundo, um passo de cada vez, sem deixar para trás o nosso bem-estar.

Se você sente o chamado para ser parte da mudança, mas luta para encontrar o equilíbrio entre a paixão e o autocuidado, este livro é para você.

Que as palavras de Karina sejam o farol que ilumina sua jornada, guiando-o através dos desafios e celebrando cada vitória no caminho para um mundo mais justo, verde e gentil.

INTRODUÇÃO

A vida já começa com uma primeira vitória
e uma experiência profunda, que é... nascer.

Veja bem. Estamos lá dentro da barriga da mãe e de repente os músculos nos espremem, fica apertado e quando menos esperamos, de seres das águas nos tornamos seres da terra. Transformação, transmutação. Nova vida. Portanto, todos já nascemos com uma vitória no currículo. E, no decorrer dos anos, passamos por muitas coisas – algumas nos marcam para valer. E, assim como o nascimento, nos fazem mudar completamente o rumo de nossa existência.

Neste livro, compartilho com você relatos pessoais que se entrelaçam profundamente com minha caminhada e experiência como ativista e jornalista ambiental que por mais de 10 anos se dedicou a proteger a Amazônia, com meus limitadíssimos recursos e sonhos gigantes. Ele foi escrito para apoiar quem apoia e cuidar de quem cuida e é o resultado de mais de 20 anos de experiência e mudanças radicais.

Escrevo de um lugar de mulher branca e, portanto, o mundo me deu oportunidades justificadas pela cor da minha pele. Nasci em uma família de classe média na capital de São Paulo – meus pais têm origem pobre e com muito esforço alavancaram a renda da família e conseguiram me proporcionar casa, comida e educação. Eu soube aproveitar o que eles me deram.

Cresci, portanto, com privilégios. Não paguei a faculdade de jornalismo em uma das universidades particulares mais caras da cidade porque minha mãe, que não passou da quinta série do ensino fundamental, cresceu profissionalmente e se tornou supervisora acadêmica administrativa da faculdade de exatas da PUC-SP e, com isso, me garantiu uma bolsa de estudos. Sou teimosa, danada, cara-de-pau, bati em muitas portas – algumas abriram, outras não, mas para começar esse nosso relacionamento através desse livro eu quero que você saiba de onde vim e venho.

E, pelo aspecto emocional e espiritual, sempre fui intensa e buscadora do invisível, desde criança. Sou daquelas que sente tudo, muito. E às vezes me pego pensando que essa sensibilidade é ao mesmo tempo um grande presente, mas também uma sina. Aprendi a ter muita fé e vejo as coisas pelo olhar da intuição muito mais do que pela razão.

Minha experiência como ativista é limitada. Posso ter morado na Amazônia e ter vivido um monte de coisas – da área ambiental eu entendo –, mas assumo minha ignorância em relação ao universo de outras causas. Me perdoe. Sou ambientalista e é no ativismo que nos encontramos e nos reconhecemos, tenho certeza de que nossas histórias se complementam. Como habitante deste planeta, agradeço você pelo que faz e pelo que ainda quer fazer.

E, para que você tenha uma ideia melhor da jornada que estamos prestes a iniciar neste livro, conto brevemente que, em um dos episódios de mudança total na minha vida, depois de sentir uma dor profunda pelo desmatamento da Amazônia durante um ritual espiritual, decidi fazer as malas e me mudar de São Paulo para Manaus, no Amazonas, para atuar pela proteção da floresta como jornalista ambiental. Deixei tudo para trás e parti rumo ao Norte do Brasil.

Logo me vi trabalhando para o Greenpeace e passei a ser correspondente e repórter do *site* de notícias ambientais ((o))eco. Fui promovida a editora e, além de apurar notícias sobre os ataques à floresta, também passei a coordenar um grupo de 24 repórteres pelos 9 países da Panamazônia. Ao mesmo tempo, decidi começar a fazer eventos TEDx – foram duas edições do TEDxVer-o-Peso, uma em 2011 e outra em 2013. Nessa época, eu também trabalhava contra a construção da usina hidrelétrica Belo Monte como parte de uma campanha da ONG Amazon Watch.

Foi aí, com reconhecimento na minha área dentro e fora do Brasil, e no ápice de minha carreira como jornalista ambiental, ao ver tão de perto todo sofrimento, manipulações, mentiras e manobras calculadas da destruição lenta e gradual da floresta que amo, que eu colapsei. O *burnout* me pegou. Algo dentro de mim dizia que, se abracei uma causa, eu deveria atuar por ela com alegria e leveza, mas o que eu vivia era exatamente o contrário. Antes que algo pior acontecesse comigo, parti como peregrina em busca de novos caminhos e de minha própria cura.

Não tive opção senão encarar a nova jornada, mesmo sem ter ideia do que estava acontecendo comigo. Naquela época não se falava de *burnout* em ativistas. Tive que parar de querer salvar a Amazônia para salvar a mim mesma. Me mudei da floresta sem ter noção do quanto eu estava machucada. Saí de cena, me retirei. Por muitas vezes, ao longo de dez anos, me senti perdida. "Cadê o meu Norte? Eu literalmente perdi o meu Norte", pensava, nostálgica dos melhores dias da minha vida que vivi naquela floresta. E ainda traumatizada pelos piores.

A partir da Amazônia, a vida me catapultou para várias partes do mundo em uma série de eventos e sincronicidades para que eu conseguisse ter a compreensão da dimensão do que havia acontecido comigo. Rio de Janeiro, para estudar no Gaia Education – Educação para a Sustentabilidade. Inglaterra, para fazer mestrado em Ciência Holística na Schumacher College. Estados Unidos, para estudar o The Work That Reconnects (Trabalho Que Reconecta) com Joanna Macy. São Paulo, para escrever a dissertação e, quem sabe, encontrar emprego novo – só que não. Austrália, para me dar a chance de viver um grande amor – só que também não.

Esta é uma história sobre minha experiência na Amazônia, meus aprendizados, caminhos de recuperação do extremo estado de esgotamento e como evitá-lo. E essa também é uma história sobre fluxo e confiança total na vida e no desconhecido – porque meus movimentos e decisões não são calculados e nem planejados com tempos de antecedência. São sentidos e, praticamente, abruptos – muitas vezes, até para a minha própria surpresa. E é a partir deste sentir intenso que todas as portas do meu caminho se abrem: uma ida na contramão da necessidade de certezas e de controle. Quando dei uma palestra com o físico quântico Amit Goswami, onde compartilhei que minha intuição comandou muitas de minhas ações na vida e na carreira, ele me disse: "Você deveria escrever um livro e eu gostaria de lê-lo". Está aqui, Amit.

Austrália! Como uma pedrinha jogada de estilingue, em 2019 vim parar do outro lado da Terra, certamente um dos pontos mais opostos e distantes possível da Amazônia. Quando eu estava prestes a retornar ao Brasil, as portas se abriram e fui convidada a permanecer neste país por dois anos e meio, que viraram cinco. Passei toda a pandemia do Covid-19 aqui, sem sentir o terror que viviam outras pessoas pelo mundo – na cidade em que eu morava não havia infectados e nem máscara eu tinha obrigação de usar. "Alguma coisa muito certa eu devo ter feito na vida para ter merecido isso", pensava. Vai ver era a vida me afastando de toda realidade que eu conhecia para que eu pudesse me conhecer melhor, amadurecer e escrever este livro para você.

Cinco anos de Austrália, como gosto de dizer... "o retiro espiritual mais intenso de toda minha vida". Quantas camadas caíram de mim! O pedaço de planeta que chamaram de Austrália foi como uma avó que chamou minha atenção de forma séria e que depois me colocou para dormir numa cama quentinha. Ela me tirou das minhas zonas de conforto e me deu as ferramentas para que caminhasse e evoluísse. Claro, essa aqui é a casa dos povos indígenas mais antigos do mundo – são 65 mil anos de história, tradição e bênçãos em cada pedrinha. O que esperar, não é? Como sou conectada com a natureza e pedi permissão para estar aqui assim que meus pés tocaram o chão, foi ali mesmo, no aeroporto, que o "retiro" começou. E o caminho foi me mostrando: chegou a hora de se cuidar, de olhar para trás, costurar os pontos, aparar as arestas, soltar as pedras, encontrar a si mesma em um nível mais profundo e...

... ao longo de mais de uma década, me transformei de "a mulher que é a própria Amazônia em forma de gente", como já ouvi tantas vezes (até mesmo da Joanna Macy!) para "a mulher em terras distantes que entrou em uma jornada de muitas perguntas e poucas respostas" (como passei a dizer a mim mesma). E me pus a rever minha vida e a mergulhar em mim, tomando muitos tombos pelo caminho, mas sempre de braços abertos e sedenta do novo Norte até que, um dia, em 2023, eu tive um sentimento bom e pensei: "Uau! Sinto que estou pronta. Estou curada!". Do *burnout* e dos traumas que vieram junto. No outro lado do planeta. E dez anos depois.

Me sinto forte de novo e estou em ação, mas de um outro lugar e com um novo olhar. Descobri muitas coisas nesta longuíssima jornada de recuperação. Se eu precisei chegar naquele nível profundo e inacreditável de esgotamento para hoje poder escrever este livro e te inspirar autocuidado para que o mesmo não aconteça com você, então a missão deste trabalho terá sido cumprida e tudo faz sentido para mim.

Ele está à serviço de sua causa, seja ela qual for, na esperança de que as experiências que vivi sirvam para algo em sua vida – no mínimo, para te proteger de um *burnout*, do desgaste mental e emocional como agente de mudança e para te inspirar à caminhada e à realização de seus sonhos. Sua causa pode ser a mesma que a minha, mas pode não ser, e isso realmente não importa porque, na realidade, queremos a mesma coisa: um mundo melhor.

  Sigo na firme intenção que tudo o que eu vou te contar agora seja inspirador o suficiente para que você trabalhe pela causa que defende com a leveza que merece. Que este livro seja um manual de primeiros socorros para o qual você sempre possa recorrer quando estiver pesado demais. Diante de tempos tão desafiadores, caminhar com mais alegria, leveza e entusiasmo nos manterá fortes e ativos a serviço da vida.

PARTE 1

E AÍ VOCÊ SE RECONHECE COMO ALGUÉM QUE QUER MUDAR O MUNDO

Nós somos aqueles por quem estávamos esperando.
– Profecia Hopi

TUDO COMEÇOU COM UM RITUAL XAMÂNICO

Eu fui parar naquele ritual para me conhecer melhor. Encontrei ali um grupo de pessoas, músicas de indígenas nativos norte-americanos tocando, todos sentados em silêncio, de olhos fechados e em estado de profunda quietude. De repente, tive a visão de uma enorme área de floresta queimando. Eu nunca tinha ido para lá, mas sabia que se tratava da Amazônia. Vi imagens em *close* como se eu estivesse diante de uma enorme tela de cinema. Troncos de árvores ardendo em chamas. *Zoom out* e enxerguei árvores tombando em câmera lenta. Bum!!! Terceira imagem do drone do universo e vi uma área enorme queimando e de onde subia uma nuvem de fumaça cinza e alaranjada.

A cada imagem, eu me sentia mais e mais chocada e tocada. A visão era absolutamente nítida e real. Chegou a doer o centro do meu peito, onde está a glândula timo, chacra cardíaco, lugar de nossos sentimentos mais profundos, onde mora nossa capacidade de amar. Lágrimas começaram a rolar. Eu tinha a nítida sensação de estar sendo levada, pelas visões, a me conectar com o sofrimento de uma enorme floresta que eu nem sequer conhecia pessoalmente e que, até aquele instante, nunca havia cogitado visitar. Justo eu, que sempre amei estar na natureza. Não sei quanto tempo essas cenas duraram, mas elas tiraram para sempre uma venda dos meus olhos. E enxerguei o nível da atrocidade contra o bálsamo da vida que é a Amazônia.

Quando cheguei ao ponto mais alto do meu arrebatamento, do meu desespero e da minha dor, entre lágrimas quentes e soluços copiosos, doloridos, indignados, ouvi dentro da minha mente: *"Vem. Chegou a hora. Você está pronta. Vem. Agora."* E a voz repetia: *"Vem. Agora. Você está pronta."* Nessa hora, os meus olhos se abriram encharcados como se, na sala escura daquele ritual, eu estivesse frente a frente com a grande floresta, minha alma entregue dizendo "Sim".

Mais de uma década depois – já tendo certeza da resposta, porque sempre foi muito claro para mim que a Amazônia realmente se comunicou comigo naquela noite – decidi perguntar a indígenas amazônidas sobre essa coisa do espírito da floresta falar com a gente. A conversa que mais me marcou foi com o Maximiliano Correa Menezes, liderança da etnia Tukano, professor, parte da COIAB (Coordenação das Organizações Indígenas da Amazônia Brasileira), com passagem pela FOIRN (Federação das Organizações Indígenas do Rio Negro). Era 2015, estávamos juntos a convite da Avaaz – uma rede para mobilização social global *online* –, na Marcha Global do Clima, em Londres, na Inglaterra. Sentados em um café antes da caminhada começar, olho para ele e digo:

– Maximiliano... posso compartilhar uma coisa com você?

– Pode.

– Então... eu sinto que a Amazônia tem espírito e que ela de vez em quando fala comigo. Isso acontece mesmo? Ela fala?

– Olha... – diz ele.

Respira fundo, vira o rosto para o lado oposto em silêncio, volta a me encarar por alguns instantes, abre um sorriso de leve sem mostrar os dentes. E eu na expectativa de uma resposta. Ao que ele me diz, olhando bem nos meus olhos:

– Eu estou muito surpreso de ouvir uma branca falando isso. Você nem nasceu na floresta, nasceu em São Paulo, né?

– Sim!

— E você sabe disso...

Solta outro sorriso sem mostrar os dentes e ainda me encarando nos olhos.

— Você está certa. O espírito da floresta fala com a gente, mas poucos conseguem escutar.

Anos depois, do outro lado do mundo, converso com o *Uncle* Russell Mullett, indígena australiano do povo Gunaikurnai, cujos ancestrais remontam aos alpes do Estado de Victoria, sul da Austrália. Tive a honra de ser convidada para participar de um encontro muito especial entre cientistas e aborígenes. Estávamos todos perto de árvores centenárias quando engatei um papo com *uncle*.[1] Bem, com *uncle* Russell. E contei para ele essa história de o espírito da Amazônia ter falado comigo, entre outras coisas relacionadas à minha conexão e comunicação com o mundo mais que humano.

Respirei fundo e falei que tenho uma conexão forte com as árvores. Que, às vezes, quando passo por elas, alguma me chama com sua energia que me atrai para perto. Me sinto escolhida. É como se me vissem e falassem: "Ei, vem cá!". Me aproximo, coloco minhas duas mãos no tronco, conecto meu terceiro olho nele e sinto que me limpam ou reenergizam e até falam comigo. Vêm pensamentos em minha cabeça e intuições que guiam meus passos na vida. As árvores trazem respostas sábias a profundos questionamentos do meu ser. Pronto, é isso, contei tudo, no que ele me respondeu:

— Você tem um dom, Karina, que nem todo mundo tem. E por isso também tem a responsabilidade cultural e espiritual de passar

---

[1] Tio: *uncle* é a maneira respeitosa com que nos referimos às pessoas mais velhas e indígenas australianas.

adiante o que recebe. Não precisa falar tudo, mas comunique o necessário. As árvores contam com você para que suas mensagens cheguem a outras pessoas.

É isso mesmo. Acredite você ou não, eu tenho essa sintonia fina com as árvores e ouço o espírito da floresta. Você pode chamar isso de processo intuitivo, de *insight*, imaginação... eu não tenho uma explicação científica para "escutar" o que as árvores e a Amazônia, de vez em quando, me "falam". Outros seres também já "falaram" comigo: nuvens, rios, mares, desertos. O que eu te garanto é que estou longe de ser a única pessoa neste planeta a ouvir a "voz" de outros seres da natureza. Muitas pessoas, ao longo dos séculos, já deixaram claro que a comunicação com outras espécies é possível, e os grandes mestres nisso são, obviamente, os povos originários.

Expandindo a outras etnias e culturas, admiro muito o trabalho de Anna Breytenbach. Ela é sul-africana e mundialmente conhecida como "comunicadora interespécies" ou, em inglês, *interspecies communicator*, além de ser conservacionista e palestrante. Ela estudou psicologia, *marketing* e economia na Universidade de Cape Town, na África do Sul, e trabalhou por mais de uma década com recursos humanos e tecnologia da informação. Sabe aquela pessoa com mente racional, lógica, analítica bem aguçada? Então, essa é a Anna. Mas ela descobriu que tem outro lado, bem intuitivo e sensitivo, quando passou a trabalhar com conservação. Em meio a tarefas de seguir pegadas dos animais, passou a receber imagens em sua mente e outras informações a respeito do bicho que, mais tarde, se provaram corretas. Aos poucos, percebeu que conseguia claramente se comunicar com os animais. A força desse dom foi tamanha que ela largou o que fazia para se aprimorar nessa telepatia e passar a ensiná-la.

Em 2012, decidiram fazer um documentário sobre ela, chamado "The Animal Communicator", que recebeu até prêmio. Me emocionei bastante ao assisti-lo, especialmente quando Anna conversa com uma pantera negra que lhe conta em detalhes sobre os abusos que sofreu em um zoológico da Europa, em uma maneira de explicar por que ela não confiava em humanos de jeito nenhum. Antes desse papo com a Anna, a pantera se chamava "Diablo" e era agressiva. Pediu para que mudassem seu nome. Passou então a ser chamada de "Spirit". Ao compreender que estava finalmente em um lugar com humanos bons, trabalhando para resgatar animais maltratados em cativeiro, e que dali para frente poderia curtir sua liberdade e viver em paz, seu comportamento mudou radicalmente. A pantera parou de ameaçar ataques, tornou-se calma e dócil. Dá para pegar só esse trechinho no YouTube, veja e emocione-se à vontade.

No livro *O chamado das árvores*, Dorothy Maclean conta que, em uma determinada época de sua vida, ela e seus amigos moravam em um *caravan park*, estavam desempregados, sem dinheiro e, por isso, decidiram plantar vegetais – no entanto, a horta não vingava. Até que um dia Dorothy foi intuída a cuidar da horta através da conexão com a água, o solo, as nuvens, enquanto seres e espíritos da natureza. Deu exageradamente certo – tudo crescia muito: vegetais, ervas, flores. Chegaram a colher repolhos de 18 quilos!

"A partir dessas dimensões internas ou nível da alma das várias espécies, eu perguntei e recebi respostas para os nossos problemas de jardinagem. Com essa ajuda, nossos vegetais estavam surpreendentemente saudáveis e nosso jardim eventualmente atraiu muitos visitantes, alguns dos quais estavam interessados o suficiente em nossa abordagem espiritual para se juntar a nós", conta Dorothy. Com o tempo, a super horta acabou se transformando na ecovila Fundação Findhorn, na Escócia, uma das pioneiras no movimento de comunidades intencionais em todo o mundo. Se formos voltar o filme, Findhorn só existe porque um dia Dorothy e seus amigos decidiram obedecer às intuições de se conectarem com a natureza em sua dimensão espiritual. Os indígenas conhecem comunicação interespécies há muito tempo – de que outra maneira saberiam qual planta cura? Para que serve esta ou aquela erva? São muitos e infinitos exemplos que eu poderia dar.

Por isso, no momento daquela frase tão certeira no ritual xamânico, daquele "Vem. Agora. Você está pronta.", eu não sentia que tinha escolha ou que poderia tentar convencer o meu coração do contrário. Não era um convite para um chazinho, um "depois a gente se fala". Era uma ordem. Uma convocação da alma da floresta à minha alma. Eu TINHA que fazer alguma coisa para proteger a Amazônia. Eu TINHA que obedecer. Simplesmente não seria mais possível ignorar o que eu acabara de ver, sentir e ouvir. Minha vida certamente mudaria radicalmente e eu estava aberta a isso. Voltei pra casa, chorei algumas vezes ao me lembrar dessa visão por uma semana seguida até pedir demissão do meu trabalho em São Paulo e comunicar minha família que dali a seis meses eu estaria de mudança para a Amazônia. Pra onde, eu não tinha a menor ideia.

O que senti naquela noite é o que podemos chamar de Experiência Profunda, o primeiro estágio de um processo de mudança conforme uma filosofia chamada Ecologia Profunda, que traz princípios éticos fundamentais sobre nossa relação com a vida no planeta. Todos nós passamos por experiências assim.

Voltando, então, à Experiência Profunda: só ou na companhia de outras pessoas, tem momentos em que nos deparamos com níveis de sofrimento – ou de felicidade – tão intensos que simplesmente é impossível ignorar o resultado do dado e voltar umas casinhas para trás no tabuleiro da vida só para tudo voltar a ser como era. Não volta.

Alguma realidade fica tão estampada na sua cara, mexe tanto com seu coração e escancara verdades dentro de você por todos os seus poros de tal maneira que o único caminho que resta é olhar para a frente, seguir adiante e fazer algo a respeito.

Agentes de transformação – ou *changemakers*, ou agentes de mudança – são pessoas que arregaçam as mangas para contribuir de alguma forma com um mundo melhor. Quando tive minha experiência profunda, me mudei para a Amazônia para protegê-la através do jornalismo e do ativismo ambiental. Quando pela primeira vez a modelo e ambientalista Gisele Bündchen pisou em uma tribo no Xingu, Pará, ela compreendeu tão bem a realidade amazônica e os enormes desafios dos indígenas pelo que viu e sentiu que mudou completamente o rumo da própria vida e, por um tempo, até mesmo de sua carreira. Deixou de ser somente a supermodelo para também se tornar uma grande agente de mudança planetária, usando sua voz e criando muitas oportunidades para cuidar do meio ambiente.

Uma amiga, a Fe Cortez, também teve sua experiência profunda. Um dia, ela viu um documentário chamado *Trashed – Para Onde Vai Nosso Lixo?*, sobre consumo e lixo globais, bem em um momento de sua vida em que ela pilotava uma próspera empresa de *marketing* digital. Inesperadamente, aquele filme acionou nela uma indignação tamanha que decidiu, como ela mesma diz, "salvar o planeta um copinho por vez". Trabalhou na criação de um copo reutilizável super *cool* com o dinheiro do próprio bolso e fundou um movimento chamado Menos 1 Lixo. Em pouco tempo, Fe dispensou seus clientes, fechou o negócio, partiu para um *home office* e trabalhou de casa para fazer essa nova empresa focada em consumo sustentável crescer. Deu muito certo. O movimento se tornou referência nacional de informação sobre sustentabilidade e regeneração e já impactou a vida de milhares de pessoas.

Sabe a ativista climática Greta Thunberg? Ela também teve uma experiência profunda dessas ao assistir um filme na escola sobre a quantidade de lixo nos oceanos. Isso a despertou para o problema das mudanças climáticas. "Ela viu o que o resto de nós não queria ver. Era como se ela pudesse ver nossas emissões de CO_2 a olho nu. O abismo invisível, sem cor, sem cheiro e sem som que nossa geração decidiu ignorar. Ela viu os gases do efeito estufa saindo de nossas chaminés, flutuando para cima com os ventos e transformando a atmosfera em um gigantesco depósito de lixo invisível", conta sua mãe, Malena Ernman, no livro *Nossa casa está em chamas – ninguém é pequeno demais para fazer a diferença*, de autoria dela, Beata Ernman, Greta e Svante Thunberg. Depois dessa experiência, Greta começou um movimento global pelo clima, o Fridays for Future (Sextas-Feiras pelo Futuro), que já levou milhões de pessoas às ruas – especialmente jovens – pedindo providências a governos e indústrias a respeito do aquecimento global.

Jacky Madenfrost é uma ativista do movimento Plastic Free Gold Coast (Costa Dourada Livre de Plástico), na Austrália. Ela nasceu no Chile mas, assim como eu, veio parar na Oceania. Um dia, decidiu nadar com baleias. E lá foi ela. Do barquinho, colocou o *snorkel*, se jogou na água e ficou boiando diante daquela imensidão azul, vendo baleias da espécie Humpback. O animal estava distante, mas para sua surpresa foi se aproximando. Chegou tão perto que pareceu ficar frente a frente com ela por alguns segundos. Depois, com os olhos nela, lentamente afundou na água, passando por baixo de suas pernas até seguir viagem e desaparecer no fundo do mar.

Quando ela me contou essa história, disse que sentiu de verdade e do fundo do coração que aquela baleia falou com ela e pediu que, como humana, cuidasse do mar. O pedido foi claro. Ela saiu de lá extremamente mexida e daquele dia em diante passou a se dedicar a proteger o oceano. Jacky despertou pelo maravilhamento e assim teve sua experiência profunda que é, basicamente, um ponto sem retorno.

André Carvalhal é escritor e especialista em *design* para a sustentabilidade, mas essa definição, digamos assim, chegou na vida dele depois de uma longa carreira no mundo da moda. Trabalhou para algumas marcas, criou outras e depois de um tempo passou a sentir bastante frustração, ficou para baixo, sem energia. Foi essa dor que fez com que ele passasse a buscar retiros e viagens que o ajudassem a ver e sentir a vida de outra forma.

Ele decidiu ir para a Amazônia comigo, para uma imersão em autoconhecimento, quando comecei a levar as pessoas para a floresta, pelo movimento Reconexão Amazônia – pioneiro em realizar viagens de imersão na mata para práticas de Ecologia Profunda e que criei para, também, provocar novas abordagens em relação à floresta enquanto SER, mais amorosas e inspiradoras. Depois, ele foi para a Bahia e foi ali, dentro de uma ecovila em terras nordestinas, que uma grande mudança finalmente transbordou dentro dele ao ver a si mesmo curtindo demais um dia a dia muito alinhado com a natureza diante das pequenas coisas que fazia, como tomar água pura da torneira.

De suas experiências escreveu livros como *Moda com propósito: manifesto pela grande virada* e *Viva o fim – almanaque de um novo mundo*. Nasceu também o *changemaker* que hoje educa as pessoas para uma realidade mais sustentável, amorosa, ativa e inspiradora. Carvalhal tornou-se referência quando o assunto é moda e sustentabilidade. Ele descobriu o seguinte, em suas palavras: "Não existe sustentabilidade sem autoconhecimento. Toda lógica do capitalismo e do consumo foi construída em cima do nosso distanciamento da natureza e da gente com a gente. Eu tenho entendido cada vez mais isso. Não foi à toa que o autoconhecimento me levou pra natureza."

Fabio Novo é um amigo querido. Ele tinha uma carreira super bem-sucedida na TV, apê legal, relações amorosas, dinheiro, sucesso e vida perfeita, de acordo com os padrões da sociedade, quando resolveu que merecia tirar férias em Caraíva, um pequeno (e lindo) povoado da Bahia. Como conta em sua palestra no TEDxDaLuz, ele tinha curiosidade para encontrar algum ser de luz e esse encontro transformador de experiência profunda aconteceu embaixo de um sol escaldante, ao meio-dia, no momento em que ele decidiu se sentar sob a sombra de uma árvore. Estava meio mole, fechou os olhos. "Aí, de repente, quando eu abri os olhos, lá estava ele. Esse ser iluminado: um jegue."

Olharam um nos olhos do outro por certo tempo. "Entramos numa espécie de sintonia, foi um certo transe, e aí ele me fez perceber que eu estava completamente perdido, completamente fora do meu caminho e que eu sequer sabia quem eu era. É verdade, ele falou comigo. Ele falou: 'Olha, eu sou um jegue e eu estou sendo um jegue 100% e você, quem é você? Você está sendo quem você é? Você está vivendo a sua vida?'... e eu, naquele momento, tive esse *insight* e falei: 'Meu Deus!'."

Obviamente, sua vida mudou. Ele partiu em busca de si e hoje é terapeuta, autor de livros, facilitador de meditação e processos de autoconhecimento. "Em um mês, tudo aquilo que eu adorava perdeu o sentido e o significado da noite para o dia. Foi radical. O encontro com o jegue foi o gatilho que disparou minha consciência. E esses gatilhos são, mais do que tudo, um resgate de memória da alma que o ego não estava acessando. De repente, simplesmente sabemos: é isso o que vim fazer! E, quando você lembra, parece que sempre soube", ele me disse durante uma de nossas conversas. E é exatamente isso!

A experiência profunda traz um sentido novo às nossas existências aqui neste planeta tão precioso. Ela pode vir de uma situação maravilhosa, de reflexões, estudos, mas também de vivências mais dolorosas e até traumáticas. Para cada ser é de um jeito. "Para algumas pessoas é um processo de gestação, fermentação e amadurecimento que pode ter começado no subconsciente há um certo tempo até que um dia emerge uma nova percepção, uma vontade de viver de forma diferente", me falou o Fabio, e faz muito sentido.

Charles Eisenstein, autor, palestrante e filósofo, escreveu algo muito legal no artigo "A Gathering of the Tribe" ("Um encontro da tribo", em tradução livre):

> Estamos buscando algo mais e isso está nos encontrando. A centelha revolucionária de nossa verdadeira missão já foi avivada em chamas antes, apenas para retornar novamente a uma brasa. Você pode se lem-

brar de uma viagem de ácido em 1975, um show do Grateful Dead em 1982, um despertar de kundalini em 1999 – um evento que, no meio dele, você sabia que era real, um vislumbre privilegiado de um futuro que pode realmente se manifestar. Depois, conforme sua realidade desaparecia na memória e as rotinas inertes da vida o consumiam, você talvez tenha descartado isso e todas as experiências semelhantes como uma escapada da vida, mera "viagem". Mas algo dentro de você sabe que foi real, mais real do que as rotinas da normalidade. Hoje, tais experiências estão se acelerando em frequência, mesmo enquanto o "normal" se desfaz. Estamos no início de uma nova fase. Nossos encontros não são um substituto para a ação; são uma iniciação em um estado de ser do qual surgem os tipos necessários de ações. Em breve você dirá, com espanto e serenidade: "Eu sei o que fazer e confio em mim para isso".

Deu pra entender?

> *Pessoas que se dedicam a uma causa com a alma um dia tiveram o seu ponto de virada e isso acontece das formas mais variadas. Enxergamos a realidade, vemos o que precisa de apoio, de mudança e lá no meio nos metemos.*

Stephan Harding, PhD em ecologia pela Universidade de Oxford e um dos fundadores e professores da Schumacher College, foi quem conseguiu brilhantemente explicar a Ecologia Profunda através da tríade

> Experiência Profunda -> Questionamento Profundo -> Comprometimento Profundo

O que mexe lá dentro no primeiro momento, o da Experiência Profunda, é tão forte e potente que nos leva a muitos questionamentos, que desencadeiam na fase Questionamento Profundo, que é quando passamos a nos fazer muitas perguntas que, de alguma maneira, estão conectadas com o que experienciamos. No meu caso, após ver a floresta queimar naquela visão tão real, me perguntei a respeito de várias coisas: por que as pessoas destroem a Amazônia, mesmo sabendo que isso é errado? Por que não conseguem sentir compaixão pela dor dos seres não humanos? Por que o governo permite um absurdo desses? Como eu posso proteger esse lugar? Por que as pessoas parecem não se importar? Quem são as pessoas e quais são as organizações que atuam pela Amazônia? Quanto ela já foi desmatada? Quais são as maiores causas da destruição? Como posso usar o jornalismo para cuidar da floresta?

O Comprometimento Profundo, terceiro estágio conforme a explicação de Stephan, vem da união da experiência inicialmente vivida (primeiro estágio) com as respostas a tantas perguntas (segundo estágio). Como eu disse, quando enxergamos a estrada não há outro caminho possível a não ser o que há pela frente. Nossa alma não permite que seja diferente.

> *Compreendemos que, se sentimos aquilo com tanta potência – e até urgência, em alguns casos – é porque há algo que podemos fazer. Alguma coisa, qualquer coisa, contanto que estejamos à serviço da vida e da*

nossa causa. É um chamado praticamente impossível de não ouvir ou de ignorar. Podemos até esquecê-lo por algum tempo, mas o fato é que ele continuará ali. Como se algo dentro de nós estivesse repetindo, a todo instante: "Ei, você pode fazer alguma coisa", "Ei, você pode fazer alguma coisa", "Ei, você pode fazer alguma coisa".

E, assim, começamos nosso processo iniciático em uma jornada cheia de aventuras e de novos aprendizados e desafios. Comprometimento profundo implica, necessariamente, em AÇÃO. Como já disse Arne Naess, pai da Ecologia Profunda (aprofundaremos mais adiante), "o remédio [...] contra a tristeza causada pela miséria do mundo é fazer alguma coisa a respeito dela". Em seu leito de morte, em suas respiradas finais, você quer ter orgulho de si por ter deixado qual legado? Seja o que for, trabalhe por isso. Coragem. Você pode mais do que imagina.

ATIVISTA OU *CHANGEMAKER*?

Muitas pessoas não sabem a diferença entre esses dois termos. Eles não significam a mesma coisa.

• *Changemaker:* qualquer ser humano que age para tornar o mundo melhor, seja como for, não necessariamente se limitando a ativismo direto. Para essa definição, podemos também usar o termo "agente de mudança" ou "agente de transformação".

• Ativista: alguém que está profundamente envolvido em promover mudanças sociais, políticas ou ambientais por meio de ações, protestos, campanhas e mobilizações.

Ou seja, o ativista está muitas vezes associado à defesa de causas, enquanto o *changemaker* está mais focado na criação de soluções construtivas com base no desejo de promover mudanças positivas em diferentes contextos.

Porém, presta atenção nisso:

Todo ativista é um changemaker,
mas nem todo changemaker é um ativista.
No entanto, seja como for, aqueles que
se importam são todos...

...HERÓIS E HEROÍNAS DE UM NOVO TEMPO

A vida dos *changemakers* não é nada monótona. São tantas as subidas e descidas que nosso estado de espírito pode variar entre extrema tristeza e felicidade – afinal, boas experiências também fazem parte do caminho.

Lembro com muito carinho as vitórias que alcançamos enquanto morei na Amazônia, aqueles cafés da tarde com o pessoal do Greenpeace na merecida pausa do expediente, as viagens de barco, as noites dormidas em redes de comunidades ribeirinhas sob céu estrelado e com canto poderoso de macaco bugio ao cair da noite, a lua cheia refletindo no rio Cuieiras em meio a um pôr do sol alaranjado e rosa, a prosa boa com café na casa do querido ribeirinho Seu Prachedes.

A caminhada é longa, mas tem também suas alegrias. E uma das coisas que eu mais curto até hoje é estar entre pessoas que também sentem paixão pela justiça, desejo de agir, coragem, senso de aventura, estratégia, inteligência, visão de futuro e que arregaçam as mangas para criar uma nova realidade.

É muito bom trabalhar ao lado de quem também quer mudar o mundo. Podem nos chamar de loucos, a gente adora. O percalço é desafiador, longo e nossas almas se alegram a cada vitória. Vencer uma batalha dá energia para continuar, assim como perceber que muitas pessoas na sociedade começam a abrir a cabeça e a pensar ou agir diferente porque, de alguma maneira, você tem trabalhado para a difusão de novas visões de mundo e de atitudes coerentes com o que esperamos que seja uma realidade melhorada.

Ser *changemaker* é muito bacana. A gente realmente trabalha para transformar o mundo e, passinho a passinho, aos poucos vamos conseguindo. Então as belezas, surpresas e vitórias do caminho, assim como a galera linda que conhecemos, tudo isso nos motiva a seguir.

MELHOR VER A DOR COMO AMIGA DO QUE TER *BURNOUT*

– e aqui você fica sabendo sobre minhas dores

O processo de agir como agente de mudança inevitavelmente passa pela dor. Levantar bandeiras e apoiar causas necessárias, belas e urgentes exige travar um íntimo contato com sentimentos como frustração, desapontamento, medo, estresse, tristeza, raiva, ansiedade, vazio. Isso tudo pode te visitar enquanto você já está super engajado em uma causa ou ANTES de você dar o primeiro passo na direção de contribuir para a solução de algo. Terá aqueles momentos em que você se sentirá um ET, vendo coisas que ninguém mais – ou pouca gente – ao seu lado vê. E isso dói.

Nós, changemakers, também nos deparamos com a dor, porque não nos conformamos. Não nos habituamos ao incorreto, às injustiças. Olhamos para a realidade com visão ampliada e isso nos possibilita enxergar complexidades não vistas por quem não sente a mesma urgência de ação diante de um mundo em transição. Changemaker é aquela criatura que se sente propelida a agir, que tem coragem, que quer gerar mudança e transformação. Por isso, por essa insistência constante dos sininhos de nossa consciência, farejamos problemas e caminhamos até eles com a intenção de solucioná-los, porque em nosso íntimo existe uma esperança ativa indomável.

Nesse caminho, a dor acaba se tornando uma companheira. Por isso é tão importante aprender a lidar com ela. Ela é uma indicação da verdade da Experiência Profunda que te despertou como agente de mudança e faz parte da jornada por um mundo melhor. Infelizmente, já encontrei muitos agentes de mudança que, mesmo sofrendo, correm logo nas primeiras letras da palavra DOR, como se evitar olhar para ela fosse bom, indicativo de força e até necessário. Não é. É o contrário.

A dor é nossa amiga e ela pode vir associada a um processo maior do despertar da consciência porque nos coloca em contato justamente com aqueles incômodos que, se encarados de frente e amorosamente, nos impulsionam para o alto e avante. Quando nos deparamos com a dor, podemos começar a olhar para ela, mas se nossa decisão for ignorá-la, ela permanecerá ali, nos cutucando, até ser vista. Começa batendo de levinho na porta do nosso coração e, se continuar sem acolhimento, uma hora ela esmurra e mete o pé. Transborda com doenças, burnout, crises de pânico, depressão, ansiedade. É mais fácil abraçá-la, pois o preço de ignorá-la é muito alto.

Sei bem como é. Não acolhi devidamente minhas profundas dores ao ver a Amazônia morrer debaixo dos meus olhos por cinco anos consecutivos.

Ao longo da minha jornada como ativista ambiental, me deparei com inúmeras situações difíceis, algumas bem marcantes. Naqueles dois dias de novembro de 2010, eu me vi imersa dentro de um barco hotel no rio Negro, Amazonas, em meio a centenas de pessoas das mais fantásticas que eu jamais poderia imaginar. Era minha primeira vez como participante em um evento de palestras TEDx, o primeiro da região amazônica.

TEDx é um evento de palestras que acontece em vários lugares do mundo organizado de forma voluntária pelas pessoas. O objetivo é reunir agentes de mudança entre os participantes e dar voz a palestrantes cujas boas ideias precisam ser espalhadas.

Na fila do almoço, um dos palestrantes estava atrás de mim. Era o José Cláudio Ribeiro da Silva (Zé Cláudio), ribeirinho morador do Projeto de Assentamento Agroextrativista (PAE) Praialta Piranheira, no município de Nova Ipixuna, Pará. Ele foi palestrante do evento por ser um defensor da floresta, denunciando o corte ilegal de castanheiras – o que, aliás, é proibido por lei. Então visualiza: na fila do almoço, durante a pausa do evento, ele sorri pra mim com aquela simpatia toda e me diz com voz calma, enquanto eu colocava arroz e salada no meu prato.

– Sabe, Karina... hoje estou aqui falando com você, mas daqui a um mês posso não estar.

– Como assim, Zé Cláudio?! – perguntei, assustada.

– Eu sou muito ameaçado de morte. – aí veio aquele silêncio, aquela pausa...

– Não, Zé Cláudio... imagina.

Ele me olha em silêncio, respira fundo e começa a colocar arroz no próprio prato.

Fiquei com uma dor imensa dentro de mim. Que injusto, que absurdo, uma pessoa simples, amorosa, ativista, um protetor da floresta como o Zé Cláudio, correr risco de perder a própria vida por defender as árvores, a Amazônia, a humanidade? Que coisa mais absurda. Fiquei desconcertada e, ao mesmo tempo honrada, muito honrada, em estar diante de uma alma tão corajosa e nobre.

Seis meses depois do que me disse, Zé Cláudio e sua esposa, Maria do Espírito Santo da Silva, foram assassinados em uma emboscada. Essa conversa me marcou com a dura realidade de muitos que se colocam no papel de ativistas ambientais no Brasil, especialmente na Amazônia.

Essa primeira edição do TEDxAmazônia foi tão foda, que ouvir todos aqueles palestrantes me mostrou novas e extraordinárias perspectivas e visões de mundo e me colocou diante de agentes de mudança inspiradores de vários países. Sem pensar duas vezes, eu decidi que realizaria um TEDx em Belém, no Pará, onde eu morava na época. Decidi num impulso vibrante que encheu meu corpo de energia. Não pensei, nem ponderei.

Primeiro, senti todo encantamento com esse modelo de eventos, feitos para dar voz a quem tem boas ideias que merecem ser espalhadas. E, logo depois, quando já tinha em mãos a autorização para fazer o primeiro TEDx do Pará, que chamamos de TEDxVer-o-Peso, fiquei sabendo do assassinato do Zé Cláudio e da Maria. Fiquei chocada, estarrecida e o que consegui fazer foi escrever um texto sobre isso para o *site* para o qual trabalhava. Foi minha maneira de honrar aqueles belos seres humanos.

Em outra ocasião, senti muita raiva de um pecuarista que conheci nos meus anos de cobertura jornalística no Amazonas. Me vi diante de um desmatador. Eu, que havia me mudado para a floresta para protegê-la, de repente estava ali, frente a frente com um pecuarista que, muito provavelmente e de forma ilegal, já havia botado muita floresta abaixo. Minha floresta, minha amada mãe Amazônia, pedaço do Céu nesta Terra.

Com minha câmera fotográfica, bloco e caneta em mãos, eu mantinha a postura de jornalista, tentava aparentar calma, mas o coração estava bem acelerado. Dentro de mim, a vontade real era de falar com ele aos gritos. Como defensora da floresta, eu estava cheia de raiva dele, assassino covarde de vidas não humanas. Estávamos em Paragominas, no Pará, uma cidade bem conhecida por inúmeros anos ter batido recordes de desmatamento ilegal da Floresta Amazônica até que, um dia, ao entrar na mira do Ministério do Meio Ambiente comandado por Marina Silva, resolveu se ajustar. Eu estava ali para conhecer melhor essa iniciativa de, na época, uma embrionária pecuária sustentável.

– Qual é a importância da Amazônia para você? – perguntei àquele homem, tremendo por dentro.

No que ele me diz, conforme a sua maneira de enxergar a realidade:

– Ah! A Amazônia é muito importante, porque aqui a gente pode criar gado.

– O QUÊ??? – pensei. Até parei de gravar, já que comecei a tremer bem na frente do homem. Agradeci, pedi licença e saí andando, provavelmente para o banheiro – até apaguei essa fuga da minha memória. E nunca soquei tantos travesseiros para extravasar a raiva que senti.

Na visão genuína dele, que aliás me respondeu àquela pergunta com bastante calma e genuinidade, a Amazônia é muito importante porque ela pode virar um pasto gigante. Isso me levou a refletir sobre o abismo de ignorância que muitas pessoas ainda têm em relação a essa floresta e sua inquestionável importância para o equilíbrio climático do planeta, sem falar em todas as outras maravilhas que ela dá ao mundo. *Changemakers* se deparam com níveis de ignorância enormes em relação às causas que defendem. Ahhhh... se naquela época eu soubesse lidar melhor com meus sentimentos...

E o medo? Me deparei com ele quando eu e meus colegas do Greenpeace e da OPAN (Operação Amazônia Nativa) viramos reféns, por alguns dias, de fazendeiros, advogados e políticos corruptos e perigosos da cidade de Juína, noroeste de Mato Grosso, por simplesmente passarmos pela cidade para pernoitar até a manhã do dia seguinte, quando partiríamos para a aldeia dos indígenas do lindo povo Enawenê-Nawê, com os quais todos eles tinham conflitos.

O contexto: todo ano, os enawenê realizam cerimônias que, para serem possíveis, contam com a saúde das águas de suas terras. O peixe é considerado nobre – é um dos principais alimentos utilizados nesses rituais e também parte de sua dieta cotidiana. De acordo com informações do ISA (Instituto Socioambiental), atividades como agropecuária, mineração e cultivo de soja no entorno de seu território têm poluído os rios. Isso é grave e provoca uma terrível reação em cadeia que coloca em risco a existência de todo um povo. Os indígenas Enawenê-Nawê precisam de seus rios limpos. Durante a demarcação de suas terras, a área das nascentes foi deixada de fora. Eles queriam ampliar a terra indígena para proteger os rios.

Chegamos em Juína dentro dessa situação: um povo sendo ameaçado por atividades criminosas tentando se proteger e em constante tensão com os criminosos que, naquela época, eram os próprios políticos da região e todos os seus comparsas e fazendeiros. Todos eles eram contra a demarcação correta da terra indígena. Não estavam nem aí se suas atividades ameaçavam suas vidas, modo de viver, cultura e espiritualidade.

Como os criminosos estavam agindo daquela forma contra os enawenê, ao nos verem, tentaram de todas as formas impedir a nossa ida à aldeia. Nosso objetivo era levar dois jornalistas franceses que fariam uma reportagem sobre os enawenê. Percebi que estávamos em perigo quando, na primeira noite, ao chegarmos, nos sentamos em um boteco, pedimos uma cerveja e algo para comer e a garçonete nos olhou e perguntou: "Quem são vocês? O que vocês estão fazendo aqui?" A cidade inteira ficou sabendo da nossa presença em menos de 24 horas.

A moça da lanchonete ou o dono do hotel, ou sei lá eu quem, avisou os criminosos que "ambientalistas" estavam em Juína para proteger os enawenê. Não sei como nos descobriram, pois não falávamos quem éramos. Um desses caras, durante uma discussão acalorada na recepção do hotel, olhou para um colega nosso e disse que, por seu trabalho pela OPAN com os indígenas, ele deveria ser preso à sua caminhonete e arrastado pela cidade "para servir de exemplo".

Eu não estava preparada para situações de risco antes de embarcar nessa missão, eu não sabia como me portar. Não tinha a menor ideia. E fiz o que, hoje, jamais faria. Quando ouvi o cara falando aquilo, olhei para ele e disse: "Cuidado com o que você fala!" Tudo estava sendo filmado. Paulo Adário, na época diretor da organização na Amazônia, me pediu para subir ao quarto e ali ficar. E fiquei. Coração acelerado, cheio de raiva, muito medo e indignação, querendo que nada daquilo fosse verdade.

Na manhã do dia seguinte, tínhamos que usar códigos para nos comunicarmos dentro de nossos quartos. Dois toques na porta do lado de fora com a resposta de um toque do lado de dentro (ou algo assim) e significaria que era nossa equipe e, *ok*, poderíamos abrir a porta. Meu Deus! Não havia WhatsApp. Só tínhamos um telefone via satélite que usamos para comunicar o escritório em Manaus e chamar atenção da imprensa nacional e internacional para o que estava acontecendo.

Sofremos ameaças, extrema pressão psicológica, fomos cercados, interrogados, vigiados e intimidados até sairmos daquela cidade. O prefeito me olhou durante um dos interrogatórios e disse:

– Vocês vão subir o rio? – com um sorriso cínico. E continuou: – Cuidado... pode ser perigoso.

– Você está me ameaçando? – respondi, destemida e controlando a minha raiva.

– Não. Estou te avisando.

Horas sem fim depois, decidimos não ir à aldeia para a segurança de todos, incluindo os enawenê. Detalhe: os criminosos nos seguiram em suas caminhonetes de luxo até o aeroporto da cidade. Ao decolarmos no pequeno avião da organização, eles nos viraram as costas e mostraram suas horríveis bundas, em atitude de deboche. Covardes.

Doeu olhar para trás e ver nossos amigos indígenas tristes e extremamente preocupados dividindo o território da mesma cidade com pessoas tão inescrupulosas. Doeu ver que eram intimidados e que seu território não era – e ainda não é! – respeitado. Doeu ver o nível da mentalidade de pessoas que se sentem no direito e com poder para fazer ameaças contra indígenas e ativistas ambientais. Como já disse muitas vezes, "uma coisa é você ouvir que a Amazônia é uma terra sem lei, outra é VIVENCIAR a falta de respeito à lei na Amazônia". Foi exatamente isso o que experimentamos naqueles dias. Me deparei com a dura realidade.

Saímos de Juína para Cuiabá para denunciar a situação ao Ministério Público Federal. Quando voltamos para Manaus, no Amazonas, eu imediatamente tive diarreia, febre e não consegui trabalhar por dois dias, de tão tensa e emocionalmente desequilibrada que eu fiquei. Aquilo tudo foi um choque de realidade que violenta a Amazônia e a quem a ama e protege.

Se você quiser saber os detalhes desta história, tem um vídeo no YouTube chamado "Amazônia, uma região de poucos". Embora tenha acontecido há mais de uma década, esse tipo de situação continua atual. De acordo com a organização Global Witness, o Brasil está entre os três países que mais mata ambientalistas no mundo. Liderança lamentável.

Também me lembro de quando, junto com meus colegas das organizações Amazon Watch, Movimento Xingu Vivo para Sempre, ISA e International Rivers, dançamos em roda e de mãos dadas com indígenas e ribeirinhos dentro das águas do rio Xingu, no Pará, pedindo perdão e enviando amor às águas que, sabíamos, seriam barradas pela construção da usina hidrelétrica de Belo Monte. O povo da floresta conduziu uma cerimônia de pedido de perdão ao rio. Estávamos todos felizes em fazer isso, mas igualmente muito tristes e desgastados. A gente sabia, no fundo, que essa estúpida hidrelétrica seria construída, então pedimos perdão ao rio em nome dos humanos sem noção e também, acredito eu, por não termos conseguido parar sua construção. E batalhamos para isso, como batalhamos! Não deu. A hidrelétrica foi construída. Uma sentença de morte a muitos inocentes.

Chegou um momento na minha trajetória profissional na Amazônia no qual eu me via trabalhando por, pelo menos, doze horas por dia. Eu era parte da equipe da Amazon Watch dentro da campanha para impedir a construção de Belo Monte ao mesmo tempo em que coordenava uma equipe de mais de 20 repórteres que colaboravam com o *site* ((o))eco para a cobertura jornalística dos nove países onde a floresta amazônica existe, ao mesmo tempo em que coordenava a realização do evento TEDxVer-o-Peso, o que significava lidar com uma equipe de pelo menos dez voluntários e ainda monitorar tudo para ter certeza que estávamos seguindo todas as regras do TED. Cheguei a virar uma noite, 24 horas trabalhando sem parar, algo absolutamente inaceitável para a Karina de hoje.

Entenda: eu vi a Mãe Floresta ser estuprada 24 horas por dia ao longo de cinco anos. Forte, né? Mas é isso mesmo. Acumulei muita raiva no meu sistema e acreditava que não poderia me dar ao luxo de sofrer por muito tempo com longas e copiosas crises de choro ou horas socando travesseiros – como precisava ter sido – quando eu, todos os dias, via pessoas e seres de outras espécies em estados muito piores do que o meu.

Eu me colocava a obrigação de ser sempre forte, sempre forte, sempre forte, SEMPRE FORTE. Eu não poderia esmorecer, afinal eu pensava que a floresta precisava de mim trabalhando por ela. "Trabalha para ajudar a proteger a floresta, Karina, trabalha", eu pensava, quase no automático. Que descuido, que arrogância, que ignorância! Falo isso com muito amor por mim e preciso admitir que, ao agir assim, eu errei comigo mesma.

Dia após dia, assumindo um trabalho amontoado em outro, fui acumulando responsabilidades cada vez maiores com a realidade externa sem me dar conta do quanto, aos poucos, fui adoecendo dentro de mim. Não do corpo, graças a Deus meu corpo é muito forte, mas da mente e das minhas emoções.

Entrei no modo obstinação: na minha vida só havia espaço para a Amazônia, nada mais. Não tinha como prioridade passar tempo com a família, amigos, namorar ou fazer uma longa viagem ao exterior, como sempre amei. Voluntariamente me fundi a essa causa e, sem saber, por pura dor não acolhida e muito desespero por ver tanta morte ao meu redor, criei, sozinha, uma prisão para mim mesma. Pouco a pouco, fui me tornando uma pessoa cada vez mais triste, dura e séria – praticamente parei de sorrir e de me divertir. Minha vida ficou cinza. Eu estava esgotada.

No entanto, isso ainda não foi o suficiente para eu perceber que estava em exaustão mental e emocional completa em relação ao meu trabalho. Eu precisava de um chacoalho – e ele veio.

Estava em viagem pela cidade de Altamira, nossa missão era visitar algumas das comunidades ribeirinhas que seriam alagadas pela usina hidrelétrica. Eu sabia das ilegalidades que estavam sendo cometidas pelo governo, da arbitrariedade, da truculência, do desrespeito aos povos indígenas e ribeirinhos que seriam afetados pela construção de Belo Monte. Sabia da truculência da Justiça ao não validar nenhuma das mais de dez ações civis públicas do Ministério Público Federal para que a usina não fosse construída. Sabia das brechas na lei, das falhas da Justiça, dos "acordos de cavalheiros" envolvendo governo federal e grandes empresas, a famosa troca de favores. Eu odiava, todos os dias, os criminosos responsáveis por isso.

Daí, me aproximei de uma casa de madeira simples sentindo um enorme peso no coração ao observar as crianças brincando no campinho de futebol. Deixei meus chinelos na porta, subi dois degraus de escada e entrei na cozinha. Fui recebida por uma mulher com um sorriso e um abraço. Ela me ofereceu café. Aceitei.

E começou a conversar. Com desespero no olhar, me falou: "Karina, meus pais plantaram cacau aqui. Eu também plantei e ensinei os meus filhos a plantarem cacau nessa terra. Aqui é nossa casa, é assim que sabemos viver, isso é tudo o que temos. POR FAVOR, NOS AJUDE! NÃO DEIXE O GOVERNO ALAGAR NOSSA TERRA! POR FAVOR, NOS AJUDE!". E começou a chorar.

Segurei em suas mãos, mas dentro de mim aquela foi a gotinha que faltava para o meu copo de água transbordar. Não sei onde fui parar. É como se naquele instante o mundo tivesse parado dentro de mim. Abismo. Escuridão. Desesperança. Tristeza. Raiva.

Eu sabia que a terra dela seria alagada.

Eu não era ninguém ali com poder algum para impedir aquilo.

Eu sabia da dor que ela enfrentaria e também da minha mais absoluta impotência diante do poder destruidor do Estado. Aí, exatamente nesse ponto, hoje consigo enxergar que vivi meu ponto mais desesperador da minha experiência na Amazônia, o fundo do fundo do poço, *burnout*. Xeque-mate. *Touché*. Fim do jogo.

Cheguei na Amazônia com brilho nos olhos, cheia de esperança, entusiasmo, ânimo, garra e alegria. Vivi naquele primeiro ano em Manaus o que mais pude conhecer de mim mesma como a Karina em perfeito estado de alinhamento com a sua missão de vida, com o universo conspirando a favor.

Saí da Amazônia como uma *changemaker* frustrada, desgastada, sem esperança. Vi muita dor. Presenciei, investiguei e escrevi sobre inúmeras injustiças. E eu não me permiti ter o tempo necessário para sequer olhar para o extremo estado de dor no qual me encontrava.

Após aquela ida a Altamira, chorando de joelhos na minha cama pouco depois de realizar a primeira edição do TEDxVer-o-Peso, em 2011, eu comecei a rezar e a meditar. Eu não aguentava mais ver a Amazônia morrer um pouco mais a cada dia. Eu fui perdendo o tesão em ser jornalista. Foi quando senti uma energia muito branda e uma frase veio na minha cabeça: "Seu ciclo aqui está encerrado. Você vai se mudar para outro lugar, conhecer novas pessoas e aprender uma nova maneira de trabalhar por mim." Essa frase foi dita pelo espírito da floresta. Ela me chamou para a missão, ela me catapultou dali. De novo, não era um convite ou uma sugestão. Era uma ordem. Eu TINHA que obedecer.

Naquela época, o trabalho como editora de Amazônia do *site* ((o))eco continuava, mas eu havia chegado a um ponto que já não havia mais paixão e alegria em fazer o que eu fazia. Liguei para o Leandro Ramos, meu amigo querido e também ativista. Eu chorava descontroladamente. Sentia o peso do bloqueio criativo e pela primeira vez enxerguei que não tinha mais forças para seguir. Eu me sentia caindo em um abismo escuro em alta velocidade.

Esse foi nosso diálogo:

– Lelê!!!!! Preciso falar com você!

Eu soluçava.

O Lelê estava no meio de uma reunião super séria, mas como bom amigo, ouvi ele sussurrar o seguinte para os colegas de trabalho:

– Peraí, gente, uma amiga está ligando aqui, é importante, pera aí.

Imagino que nesse momento ele praticamente saiu da salinha pra poder falar comigo.

– Que foi, gente, o que está acontecendo?!?!?!

– Travei, não consigo mais ser jornalista, não consigo mais escrever nem editar nada, não consigo mais!

Imagina o que foi para mim dizer isso naquela época. Eu, que coloquei a Amazônia como prioridade número 1 na minha vida e que tinha, no jornalismo, a minha ferramenta número 1 para cuidar dela. E ele só me respondeu:

– Fica calma que tudo vai dar certo. CALMA.

Dali a três minutos, recebo um *e-mail* do meu editor dizendo que, infelizmente, não teriam como me manter no *site* porque o projeto Amazônia não havia recebido o investimento financeiro com o qual estava contando. Mais 3 meses apenas e, depois, a Karina estaria desempregada. Minha reação? Gargalhei, depois de um choro escandaloso com o Leandro, e agradeci a Deus por ter sido demitida por falta de verba.

Mandei mensagem para o Leandro: "Você não vai acreditar no que acabou de acontecer!"

Comecei a contar os dias... "só 3 meses".

PRECISAMOS FALAR SOBRE *BURNOUT* EM *CHANGEMAKERS*

Nunca me disseram: "Karina, você está com *burnout*". O que sei, independentemente de diagnósticos que nunca chegaram, é que me dediquei tanto em proteger a Amazônia que abri mão de proteger a mim mesma. *Burnout* é um termo utilizado para descrever um fenômeno associado ao estado de esgotamento físico, emocional e mental de uma pessoa em relação ao trabalho que exerce.

Essa condição afeta, principalmente, pessoas que desempenham papéis que envolvam alta demanda emocional, pressão, exposição a realidades desafiadoras, luta direta ou indireta contra sistemas injustos e questões urgentes – como provavelmente é ou será o seu caso, se você não se cuidar. Ativistas são totalmente propensos a vivenciar isso.

De acordo com o artigo "Nobody is paying me to cry: the causes of activist burnout in United States animal rights activists", publicado em 2019 na revista científica Social Movement Studies, existem três principais causas de *burnout* em ativistas:

1) Causas internas, relacionadas às características únicas dos ativistas. Sou super emocional, amo a Amazônia e sentia raiva, tristeza e ansiedade constantemente enquanto trabalhava.

2) Causas externas, relacionadas à injustiça e à retaliação pelo ativismo. Não era fácil ver a Amazônia morrer um pouco mais

todos os dias, conhecer as populações vulneráveis e sentir seu desespero sem poder ajudá-las como eu gostaria. Fora o perigo que corria constantemente, considerando que o Brasil é o país que mais mata ativistas ambientais no mundo.

3) Causas relacionadas a culturas tóxicas do movimento e das organizações e a como os ativistas tratam uns aos outros. Já vi muita competição acontecendo entre organizações – por investimento, espaço na mídia, destaque. Já vi muitos egos feridos e puxadas de tapete sem consideração e respeito, inclusive a mim.

Tudo isso combinado resulta em *burnout*. Entre os principais sintomas estão o esgotamento emocional, com aquele sentimento de exaustão e cansaço constantes, muitas vezes acompanhados de tristeza, ansiedade, frustração, irritabilidade. Quando temos *burnout* não sentimos mais paixão, alegria e satisfação em nossa atuação, como sentíamos antes. Obviamente, uma pessoa em estado de *burnout* tem uma diminuição significativa no desempenho de seu trabalho, o que, consequentemente, afeta a sua capacidade de criar impacto positivo no mundo. Com isso, temos menos realização pessoal, maior sentimento de inadequação e baixa autoestima.

Burnout simplesmente nos obriga a parar. Estudos científicos apontam que pessoas envolvidas profundamente em movimentos e que tinham a intenção de permanecer engajadas, com *burnout* são obrigadas a se afastar completamente. Fatores de estresse de longo prazo relacionados ao ativismo aos poucos minam a saúde física e emocional e isso resulta na desconexão com a causa e com nossa habilidade de engajamento. Aconteceu comigo. Depois de cinco anos mergulhada em ações praticamente ininterruptas para proteger a Amazônia de sua destruição dolorosa e gradual, eu passei a "morrer" em meus níveis de energia, alegria de viver, entusiasmo e motivação para seguir ativa. Cheguei ao ponto de não conseguir ler mais nada sobre a floresta. Pois é. É tipo assim: ou você morre por sua causa ou, se quiser viver bem de novo, deve parar completamente até se recuperar para que, um dia, possa retomar o seu trabalho. É uma queda profunda. Não queira passar por isso. As consequências do *burnout* afetam tudo em sua vida: saúde mental, física e emocional, senso de propósito, relacionamentos, carreira profissional.

> *Burnout em changemakers e ativistas é coisa séria e tem afetado cada vez mais pessoas em todo o mundo – também pudera, dado o estado das coisas. Por isso, eu digo:* EM UM MUNDO COM TANTO SOFRIMENTO E NECESSIDADE DE REGENERAÇÃO COMO O NOSSO, SOFRER BURNOUT NÃO É ESTRATÉGICO. *Antes eu não sabia que isso existia. A ignorância não é uma bênção.*

Vou repetir:

EM UM MUNDO COM TANTO SOFRIMENTO E NECESSIDADE DE REGENERAÇÃO COMO O NOSSO, SOFRER BURNOUT NÃO É ESTRATÉGICO.

Eu e o *burnout*:

- Tive que me desligar completamente do meu trabalho pela floresta. Por muitos anos não consegui ler nenhuma notícia sobre a Amazônia porque doía no corpo. Chegava no terceiro parágrafo do texto falando de desmatamento, queimadas e parava de ler. Era como se eu já soubesse tudo o que estava escrito ali.
- A empatia, que um dia me motivou, se transformou em veneno no meu sistema.

- Fui desconectada da dor da floresta.
- Eu estava em uma desesperança tão grande quando saí da Amazônia que já não tinha mais compaixão pela humanidade.
- Fui surpreendida pela total falta de capacidade e vontade de continuar sendo jornalista ambiental.
- Além de não conseguir mais atuar como jornalista, por anos a minha capacidade criativa de escrever desapareceu.
- Quando me perguntam se vou voltar a morar na Amazônia, a resposta vem fácil: "Não tenho mais resiliência para isso". Acabou. O *burnout* levou."

A ciência concorda comigo quando aponta que caminhos para prevenir e superar o burnout incluem práticas regulares de autocuidado, estabelecimento de limites saudáveis – horários de trabalho determinados e equilibrados, pausas para descanso, não abraçar mais projetos (e viagens e reuniões no mundo online ou offline) do que você é capaz de realizar com sanidade mental. Apoio social é fundamental – as famosas redes de apoio – e a consciência de seu estado emocional. Já falei disso aqui também. Não ignore seu estresse.

Além disso – alôu, empregadores – é preciso que as organizações tenham políticas sérias de saúde mental para cuidar muito bem de quem cuida do mundo.

SAINDO DO FUNDO DO POÇO DO *BURNOUT*

– porque o poço é fundo

Durante a minha contagem regressiva para me mudar da Amazônia, lembrei constantemente que o espírito da floresta já havia me pedido para partir, comecei a perguntar: "Para onde? Para fazer o quê, já que não consigo mais escrever nada e trabalhar como jornalista? Não consigo ler mais nada sobre a Amazônia, minha escrita travou, o que vou fazer, onde e com quem, Amazônia? Deus, me ajuda!"

E, aos poucos, comecei a sonhar com o mar. Ao longo desses 3 meses que me restavam, passei a ser chamada para dar palestras e uma delas foi para contar como é ser jornalista ambiental na Amazônia, durante um dos painéis do IV Congresso Brasileiro de Jornalismo Ambiental, que aconteceu no Rio de Janeiro. Mar... Rio de Janeiro... conheci pessoas de um curso de que até então eu nunca havia ouvido falar. Achei interessante, gostei da proposta, me inscrevi, caiu a ficha: a Amazônia queria que eu me mudasse do Pará para o Rio de Janeiro! Era de lá que eu me reinventaria em minha forma de trabalhar por ela, era a partir dali que eu passaria a conhecer outras pessoas!

Na mesma semana, Maíra Irigaray, com quem trabalhei na campanha contra Belo Monte, me ligou.

– Oi, Karina, tudo bem?

– Tudo, diga lá!

– A gente vai fazer um evento paralelo durante a Rio+20, você faz eventos, né?

Já comecei a rir por dentro.

— Faço, sim!

— Ah, joia! Então, mas só tem um problema... você mora no Pará, mas para fazer esse evento você teria que se mudar para o Rio de Janeiro por pelo menos 1 mês, tudo bem por você?

Gargalhei quando desliguei o telefone. *Ok*, universo, mais claro impossível. Organizei toda minha mudança. Coloquei no Facebook que precisava de um lugar para morar no Rio de Janeiro e, em uma semana, uma garota me liga dizendo que conhecia uma senhora que alugava quartos para estudantes no bairro do Leblon. Na mesma semana, meu amigo Peter Kutuchian, que havia lido meu *post*, me liga do nada e me apresenta ao Pedro Werneck, diretor do Instituto da Criança. Ao chegar na cidade, fui falar com ele para uma entrevista de emprego. "Karina, quando você quer começar?"

Depois daquela mensagem da Amazônia me dizendo que eu teria que me mudar, foi uma sucessão de acontecimentos que me levaram perfeitamente a recomeçar uma nova vida no Rio de Janeiro, onde, de acordo com a profecia que ouvi enquanto chorava de joelhos na minha cama, eu conheceria gente nova e aprenderia uma outra forma de trabalhar pela floresta. O que eu não imaginava é que essa forma, na verdade, abarcaria o planeta inteiro, não só a Amazônia. E que meu trabalho passaria a incluir humanos de uma maneira que realmente nunca havia passado pela minha cabeça.

Fiz minhas malas e saí da Amazônia com muita, muita gratidão e sem a menor ideia do que viria pela frente. Tinha dentro de mim meu bom e velho companheiro "senso de aventura", mas também saí sem forças, energia vital, esperança na humanidade, motivação de continuar trabalhando com jornalismo ambiental, sem vontade de escrever nem editar mais um texto sequer, sem compaixão por mim mesma e pelo deplorável estado de muitas pessoas que habitam este planeta. Saí da floresta extremamente doente por dentro, com meu ser, meu eu superior e divino, minha sabedoria interna totalmente sufocados por sentimentos de vitimização, de sacrifício no sentido de realmente sacrificar a minha vida, algo bem distante do "sacro ofício" que a etimologia desta palavra nos traz.

Se naquele ritual xamânico, em 2006, a floresta me convocou ao seu colo, com imagens que apareceram na minha visão, para que eu trabalhasse pela sagrada vida que a habita, cinco anos depois, a mesma floresta pediu que eu me retirasse de seu solo sagrado, para que eu pudesse salvar a mim mesma. Não havia outra possibilidade para mim que não fosse me mudar da Amazônia.

Por anos ignorei a minha profundíssima dor. *Changemakers* SOFREM – você, que quer melhorar o mundo, sabe disso muito bem. Além do meu próprio exemplo, existem tantos outros. *Burnout* em ativistas é um tema que tem sido cada vez mais abordado.

> *Um mundo em transição PRECISA de agentes de transformação e daqueles que também são ativistas. O que seria da evolução do mundo sem as pessoas que se importam?*

A gente não pode permitir o *burnout*. Caí nesse buraco, o que me impediu de continuar trabalhando. Por anos eu não consegui ler nem escrever absolutamente nada sobre a Amazônia.

> *A dor não transformada pode destruir a vitalidade dos changemakers o que, por sua vez, pode levar muitos a simplesmente desistirem da causa que amam por pura exaustão – nunca por falta de amor à causa! Como já disse antes, chegar à exaustão não é estratégico para um mundo que precisa de agentes de mudança com paixão pela justiça.*

O quanto lhe dói a corrupção? Atos de violência contra pessoas negras? Invasão de terras indígenas? Misoginia? Desmatamento da Amazônia? Abusos emocionais? Abusos sexuais em crianças? Poluição dos rios? Plásticos nos oceanos? Extinção de espécies? Mudanças climáticas? Consumismo? Educação limitante? Capitalismo destruidor? Idosos abandonados? A quantidade enorme de agrotóxico nos alimentos? Violência doméstica? Transporte público de péssima qualidade? Trabalho infantil? Patriarcado? Machismo? Mulheres desconectadas da essência do feminino? Fascismo? Preconceitos? Maus tratos contra os animais? Você tem clareza sobre o que mais dói em você em relação ao estado do nosso mundo?

Suas maiores dores podem se transformar em seu maior ativismo. Use sabiamente os sentimentos que mais te incomodam. Há os que abrem ONGs, os que se tornam voluntários em fazendas de orgânicos, os que desenham um trabalho autoral, os que plantam árvores, os que usam as mídias sociais para se expressarem com mensagens bacanas.

Muitos *changemakers* já tiveram experiências profundas que os levaram a questionamentos e a um grande senso de comprometimento com a vida. A gente age porque sabe que pode, de algum jeito, causar impacto positivo por aqui. E trabalhamos por isso.

Uma das pessoas que eu mais queria conhecer quando comecei a estudar essas coisas era a Joanna Macy, uma vovó de mais de 90 anos que por quatro décadas viajou o mundo fazendo *workshops* para as pessoas se reconectarem com elas mesmas, com o planeta e com o que vieram fazer aqui. Dos cursos dela nasceu e se fortaleceu uma legião de *changemakers* dos quatro cantos da Terra.

E então, alguns meses depois de entregar minha dissertação (fiz um mestrado na Inglaterra, falo mais sobre ele depois), decidi usar os últimos centavos que eu tinha na vida para viajar até os Estados Unidos e participar de um curso intensivo direto com ela. Tudo bem, dinheiro vai e vem e eu precisava estudar com aquela senhora a metodologia que primeiro me ajudou a sair da lama do *burnout*.

E lá fui eu para os Estados Unidos, em 2017. Em um determinado momento do curso, me escolheram para sentar ao lado de outras pessoas consideradas de países "oprimidos" enquanto, à nossa frente, estavam pessoas das nações consideradas "opressoras". Então, nas cadeiras à frente, lá estava eu representando o Brasil, enquanto outros colegas representavam China, Chile e Venezuela. Sentados no chão, gente da França, Estados Unidos, Inglaterra, Austrália.

Nossa missão era compartilhar como nos sentíamos frente à opressão em nossos países em relação à causa que defendemos. Me senti extremamente incomodada com aquilo. Eu não queria que me vissem como uma coitadinha, não queria estar ali naquele papel de "pobre oprimida ativista ambiental brasileira". Eu me sentia muito corajosa em levar no peito a bandeira da Amazônia, em trabalhar pela floresta. "Os opressores jamais me pararão, eles não significam nada pra mim, por que tenho que estar aqui respondendo perguntas na posição de oprimida?", eu pensava.

Então, um a um, os colegas de curso me fizeram perguntas sobre os meus principais desafios como ativista e jornalista ambiental, sobre a vida na Amazônia, sobre a violência contra a floresta e seu povo, sobre os riscos que eu enfrentava com as denúncias que eu fazia, sobre as principais causas do desmatamento. Pouco a pouco, resposta a resposta, tive que encarar a opressão que de fato eu vivia no Brasil.

Quando todos terminaram de responder as perguntas e a vivência acabou, levantei da cadeira com muita raiva daquilo, em um lugar dentro de mim completamente desconfortável com a posição na qual me colocaram – e à qual eu percebi que de fato pertencia. Falar sobre o que eu via, vivia e sentia na Amazônia me trazia um incômodo quase irracional. Fui contar isso para a Joanna, tão mais baixinha do que eu, uma senhora nascida em 1929 e com muita sabedoria na bagagem. Comecei a chorar. Ela me olhou nos olhos, levantou o queixo, ajeitou a coluna e, ereta, me encarou, olhou bem no fundo dos meus olhos e disse, em tom de voz firme e forte:

– Você sente angústia? Use-a!

Aquilo para mim foi mais um choque de realidade. E não obstante, logo em seguida, ela segurou meus dois braços, se aproximou de mim para ter certeza que eu capturaria a mensagem e repetiu, mais enfática ainda: "Sente angústia? Use-a!"

Respirei fundo, entendi a lição e é isso aí. Enxuguei as lágrimas, dei boas vindas à minha angústia e saí da aula daquele dia baqueada, mas fazendo planos para facilitação de *workshops* a *changemakers* quando voltasse ao Brasil.

Sabe quem sempre ficava puto da vida? O maior ícone mundial do pacifismo e da não-violência: Mahatma Gandhi. No livro *A virtude da raiva*, escrito por seu neto Arun, fiquei sabendo de algo que me fez gargalhar de alívio. Em uma conversa com Arun, Gandhi disse: "Eu sinto raiva o tempo todo." O neto desacreditou.

Gandhi é um exemplo e tanto do que a raiva – ou seja, a dor – bem canalizada pode gerar. "Use sua raiva com sabedoria. Permita que ela o ajude a encontrar soluções com amor e verdade", disse. E seu neto afirma o seguinte: "É muito importante que a raiva nos motive a corrigir as injustiças, mas apenas quando o verdadeiro objetivo é buscar uma solução, não simplesmente provar que estamos certos."

A dor é nossa amiga.

A Joanna Macy me disse o seguinte: "Nossa dor e nosso amor pelo mundo são inseparáveis, dois lados da mesma moeda". Ou seja, se vivenciamos dor, também somos capazes de sentir amor. Se aceitamos a tristeza, também aumentamos nossa capacidade de sentir alegria.

A DOR

- Faz parte da vida, faz parte do ativismo
- Deve ser vista, aceita, sentida, acolhida e compreendida
- Pode ser um indicativo de nossa contribuição para o mundo, seja no nível pessoal ou profissional
- É um excelente combustível para a ação, quando bem canalizada
- Chama nossa atenção até que olhemos para ela
- Procure ajuda para lidar com sua dor

PRIMEIRO VOCÊ, DEPOIS SUA CAUSA

– confie nos sinais

> *"O verdadeiro amor por si mesmo consiste em reconhecer o profundo potencial interno e, então, focar na realização desse potencial. O amor é uma forma de autorrealização."*
> – Satish Kumar

Uma vez, a Sheila Juruna, indígena do Xingu, me falou: "Uma coisa é quando a gente escolhe a missão. Outra é quando a missão nos escolhe." Tivemos esse papo em 2010, de frente para o rio Xingu, numa noite estrelada. O nosso chamado era o mesmo: cuidar da Amazônia. Naquela época, essa era a coisa mais importante da minha vida.

A certeza de trabalhar por essa missão que me escolheu gerou em mim um sentimento de entrega tão, mas tão profundo, que exagerei. Já contei, quase tudo o que eu fazia era pela Amazônia: pedi demissão para me mudar para Manaus, me mudei para Belém, terminei relacionamento, virei noite fazendo o TEDxVer-o-Peso, gastei toda a poupança da minha vida li-te-ral-men-te para ajudar a pagar pelo meu mestrado na Inglaterra – foi uma loucura. Vinte e duas mil libras para uma jornalista da Amazônia, com a libra a sete reais, não é mole, não. Na época, isso totalizava cento e cinquenta e quatro mil reais.

Quem sabe assim, me dedicando cem por cento, sem pausa, focada, eu conseguiria fazer com que muito mais pessoas se conectassem emocionalmente com a Amazônia e, finalmente, se importassem em salvá-la? Quem sabe assim, morando e trabalhando na floresta, eu conseguisse influenciar decisões políticas por sua proteção? Complicado.

Trabalhar por alguma coisa que você ama muito e que morre um pouco mais a cada dia devido à enorme ganância e ignorância alheias não é nada fácil. Um aprendizado que tive é: a missão é essa, *ok*, mas ela não pode ser um peso, um fator de sofrimento gigante, uma urgência desesperada. Meus anos de Amazônia foram, sem dúvida, dos mais belos e dolorosos da minha vida.

Lembro com alegria enorme daquele meu momento dentro da voadeira – o barquinho rápido – do IPE (Instituto de Pesquisas Ecológicas), quando ele subia o rio Cuieiras, afluente do rio Negro, manobrado por Leo, enquanto o sol se punha no horizonte e os pássaros cantavam melodias sem fim. Lembro daquela noite na qual dormimos numa casinha flutuante deitados em redes, o céu cheio de estrelas e aquela tempestade na madrugada, eu como jornalista registrando toda viagem, um prazer enorme em escrever! Com o passar dos anos, no entanto, o "viver o sonho" se transformou em "viver o pesadelo" que EU MESMA CRIEI. Eu fiquei obcecada em protegê-la, queria fazer todo o meu possível para salvá-la, nem que pra isso eu tivesse que abrir mão de mim mesma. A decisão foi minha, por puro desespero de ver morrer na minha frente a floresta que eu amava – e que vou amar para o resto da vida.

Hoje olho para mim com bastante compaixão e vejo o quanto eu estava errada. Eu me perguntava sobre o porquê de a missão que me escolheu – cuidar da floresta – ter, com o passar dos anos, se tornado um fardo pesado de carregar. Eu não enxergava que estava sufocando a mim mesma com aquela auto-obsessão. O "problema" não era a missão, era o que eu mesma tinha imposto a mim, o tanto que eu ignorava a minha dor.

Caso você já esteja no buraco fundo do sacrifício distorcido, sofrendo bastante, ou caso não esteja nesse lugar ainda – e espero que nem chegue lá... –, vem comigo, me acompanha.

Vou resumir: eu já havia me mudado da Amazônia, já tinha morado três anos no Rio de Janeiro, já estava metida em muitas pesquisas de como trabalhar pela floresta de outras maneiras, inclusive já havia compreendido que a gente vem antes da missão.

Também conheci a Ecologia Profunda – a minha "nova maneira" de trabalhar pela Amazônia, mais uma vez a profecia se cumprindo... convivi intensamente com pessoas maravilhosas, recuperei minha fé na humanidade. Ia trabalhar de bicicleta pedalando de Botafogo até o Leblon pela Lagoa, fazia capoeira, estava com novos amigos, trabalhando na área social – porque ainda precisava dar um tempo do ambientalismo. Mudei radicalmente, mas ainda não estava curada daquele *burnout* cheio de traumas, mesmo com minha vida se tornando cada dia mais leve.

E então, um dia comecei a sentir uma febre do nada dentro do apartamento em que eu morava. Sábado de sol, todas as minhas amigas na praia, na cachoeira e eu, em casa. Para mim, que morava na maravilhosa cidade do Rio de Janeiro, ter que ficar enfiada dentro de casa em um sábado de sol quando tudo o que eu queria era sair era, no mínimo, frustrante. Fiquei bem inconformada, mas percebi, deitada na cama, que o nome "Schumacher College" estava vindo com certa insistência em minha mente. Quando reparei nisso veio um outro nome: "Berlim".

Para quem ama Ecologia Profunda, este é "o" lugar para estar e estudar. E eu queria aprender cada dia mais sobre essa filosofia tão interessante que, a meu ver, une lindamente ciência, ética, filosofia e espiritualidade. *Well*... eu compreendo as imagens que vieram na minha cabeça como um processo intuitivo. Um sinal de fumaça vindo do além. Pensei: "Se eu me mudar do Rio de Janeiro, consigo economizar dinheiro do aluguel pra poder estudar lá e ainda consigo chegar por Berlim". Me animei. Levantei com febre mesmo, fui até a sala, liguei meu computador, comprei passagens para a Alemanha e me matriculei em um curso de 15 dias na Inglaterra chamado "Peregrinos da Terra". O professor seria Satish Kumar, fundador da Schumacher College. Quando fiz isso, pouco depois me dei conta: a febre havia passado assim, como num passe de mágica. Sorri. Sabia que vinha coisa nova aí.

Quando olhei para o *site*, fiquei com muita vontade de fazer o mestrado em "Ciência Holística", mas era muito caro – já contei, vinte e duas mil libras na época e com a libra a sete reais. Pensei: "Não rola, mas vou fazer esse curso de curta duração com o Satish!". Na minha cabeça, eu achava que passaria apenas 15 dias estudando lá.

No meio das pontes aéreas, quando estava em Lisboa esperando o voo para Berlim, uma voz sussurrou em meu ouvido: "Por que você não oferece uma palestra lá sobre seu projeto Reconexão Amazônia?" Eu já tinha começado a levar pessoas para a floresta para a prática do autoconhecimento através da natureza, Ecologia Profunda pura. Então, de lá do aeroporto mesmo, comecei a negociar trinta minutos de fala. Proposta aceita, lá me vi fazendo uma palestra sobre práticas diferenciadas para aproximar as pessoas da floresta e afirmei que, para protegê-la, deveríamos investir no aumento da conexão emocional das pessoas com a Amazônia.

Durante o curso, uma das coisas que mais me marcou foi uma aula onde o sábio indiano Satish Kumar explicou muito bem a diferença entre ser um turista e um peregrino na vida.

O "turista" planeja tudo, tem mapas e GPS em mãos o tempo inteiro. Sabe o que vai fazer na segunda, na terça, na quarta... tem tudo programado. Que quer ter certezas, não dá o passo se não tiver garantias, precisa ter controle das coisas e se mantém em constante estado de atenção para conseguir o que almeja. Já o "peregrino" é a figura que não planeja, que sente o aroma do ar e capta as mensagens que ele traz através do sentir. É quem arrisca, se entrega ao processo, pois confia que o mistério cuida de tudo. É a pessoa que dá o passo sem ter a menor ideia do que vem em seguida, mas com cem por cento de tranquilidade nisso, pois confia que sincronicidade e intuição sempre chegam com grandes ensinamentos, evolução e revoluções. É quem permite se perder pelas esquinas e se achar de novo, é quem se abre para a aventura. Então, essa segunda figura sou eu.

Eu, que aprendi a preparar palestrantes para falas de eventos TEDx e até do TED, me vi super nervosa no dia dessa palestra de trinta minutos. "Amazônia, fala por mim, me usa", lembrei de evocar, em pensamento, depois que minha fala já havia começado. Mostrei dados de desmatamento, falei sobre a importância da conexão emocional com a floresta, contei um pouco da minha trajetória, expliquei que estava levando pessoas para a Amazônia. Satish estava presente, ouviu tudo e, ao final, ele me chamou num canto. Com sotaque indiano, me soltou num inglês que jamais vou me esquecer:

– Karina, por que você não aplica para fazer o mestrado em Ciência Holística? Vai ser muito bom para seu trabalho pela Amazônia. Você quer? Podemos te dar uma bolsa.

Eu disse "sim" direto, nem ponderei, nem lembrei das vinte e duas mil libras. Estava longe de ter todo esse dinheiro, mas de algum jeito eu sabia que iria conseguir. Apliquei a papelada imediatamente, coloquei TODA minha grana neste curso, ganhei uma pequena bolsa de estudos e lá mesmo eu comecei uma exaustivíssima campanha de comunicação para poder conseguir pagar tudo. Eu sabia que tinha que aceitar, que deveria estar ali e passar por essa experiência. *And that's it.* É assim que eu vivo.

Lembro de quando uma das mulheres que trabalhava na secretaria olhou para mim e disse:

– Olha, falta pouco mais de um mês para o mestrado começar.

E, até na intenção de me ajudar, complementou:

– Acho difícil você conseguir arrecadar tudo e fazer o mestrado, mas você pode tentar de novo depois.

Olhei de volta, não falei nada, mas pensei: "Você não me conhece e não tem ideia do quanto EU VOU conseguir fazer este mestrado este ano!" Pensei isso com toda determinação do meu ser. Eu não sabia, mas essa campanha de arrecadação de fundos para estudar fazia parte do meu processo de cura.

Uma das fichas do quanto eu ainda estava abrindo mão de mim mesma para cuidar da Amazônia caiu de uma vez – pra continuar despencando outras fichas curativas pelos cinco anos seguintes – durante uma conversa que tive com Charles Eisenstein, durante o início da minha campanha de *crowdfunding*, para poder bancar o meu mestrado – que, aliás, eu já havia começado mesmo antes de pagar tudo (naquela época, quem pagava uma parte fazia especialização sem precisar publicar nenhum estudo de conclusão de curso. E quem pagava tudo, fazia mestrado com dissertação no final). Nos conhecemos na Schumacher College durante o mês que passei lá – os 15 dias viraram um mês e meio. Charles é uma pessoa que chacoalha as outras mesmo sem falar nada. Se você ainda não o conhece, recomendo que leia seus artigos e livros e ouça suas falas na internet.

Charles deu um depoimento no vídeo que usei para arrecadar dinheiro e fui mostrar o vídeo editado para ele antes de liberar para o público geral. De repente, sem muitas explicações, ficamos frente a frente e nos olhamos nos olhos por algum tempo, em silêncio.

Fiquei desconcertada. Nessa hora, saí de mim um choro profundo e copioso. Eu disse para ele que não aguentava mais ver a floresta morrer, que me pesava muito, que doía muito. Que era desesperador sentir que eu deveria fazer aquele mestrado porque ele me empoderaria para trabalhar melhor pela Amazônia e que eu não tinha o dinheiro todo para isso. Ele segurou minhas mãos, me olhou nos olhos e disse:

"A Amazônia não quer que você sofra. Ela quer que você seja feliz. Ela quer que você faça esse mestrado por você. Ela quer te ver leve. É assim que ela quer que você trabalhe por ela."

Aquelas palavras reverberaram em todas as minhas células, meu corpo tremeu, me senti chacoalhada por inteiro. Eu vivia duas realidades naquele momento: a primeira era de um profundo milagre, com um convite inesperado para fazer o mestrado dos meus sonhos e tanta gente me apoiando para que eu conseguisse pagar o valor todo. A segunda é que, ao ouvir o Charles, percebi que ainda havia algo de muito errado comigo ali e, naquele momento, aquilo ficou evidente. Foi quando comecei outra jornada de autoconhecimento, que me levou paulatinamente a passos mais profundos de autocuidado.

Quando eu morei na Amazônia e vivi aquela intensa forma de ativismo, não se falava muito em autocuidado no mundo dos *changemakers*, mas isso é fundamental. Veja bem: constantemente temos que nos deparar com situações desafiadoras. Isso demanda muita energia mental e física. Nossas emoções podem vir em altos e baixos, as rotinas de trabalho podem ser bem estressantes e os desafios, enormes.

Se você trabalha para alguma organização e sente que está puxado, peça alguns dias de folga, sugira programas de bem-estar ao RH, tire férias. Se você atua como agente de mudança, como voluntário, em alguma comunidade e em paralelo realiza outros trabalhos, cuide-se também.

Autocuidado implica, necessariamente, em autoconhecimento – onde o calo aperta? Você tem se sentido estressado, triste, tem ficado puto demais, anda com problemas para dormir, taquicardia, excesso de apetite, ansiedade, falta de vontade de comer? Tem tomado quantos cafés por dia? Seu trabalho te leva a sentir muita tristeza, muita raiva, muito desânimo? Você tem se permitido pausas? Tem se dado momentos de diversão? Tem conseguido ter tempo de qualidade com sua família e amigos? Como anda sua vida? Como estão suas emoções?

Se você também estiver desejando que um meteoro se choque logo com o planeta para existirem menos humanos por aqui, então por favor compreenda que a sua causa precisa de você BEM. Se você perceber que entrou em algum desequilíbrio, por favor, vá se cuidar. Todos nós sabemos do que precisamos para nos sentir melhor.

Vale a pena olharmos para as velhas e já sabidas coisas que ajudam a todas as pessoas: alimentação saudável, prática regular de exercícios físicos, meditação, tempo na natureza, terapia. Indo além, o mundo holístico está cheio de *cositas* para você se divertir – massagem de tudo que é tipo, meditações ativas, *reiki*, *Thetahealing*, barra de *access*, hipnose, leitura de aura, *breathwork*, xamanismo. Existem curandeiros maravilhosos no mundo, procure ajuda dos verdadeiros xamãs.

Se sentir e se puder, com bastante responsabilidade e cuidado, experimente plantas de poder – no lugar certo, da forma certa, com pessoas preparadas para lhe guiar. Dá também pra fazer *detox*, retiros na natureza e sem *wi-fi*, se enfiar em um curso de Vipassana e meditar umas cem horas em silêncio durante dez dias. Aprenda algo novo, tire uma pausa do ativismo, vá viajar. Use a criatividade, mas por favor, se cuide. Com certeza existe mais um monte de coisas legais que você poderia procurar.

Tudo isso aí que sugeri pra você quiçá fazer, eu fiz. E é nesse movimento de me cuidar constantemente que hoje encontro de novo o gás para continuar caminhando e espalhando a mensagem que eu sinto que devo espalhar.

O incrível *changemaker* Jesus Cristo – me refiro a ele, com todo respeito, não a nenhuma religião – cantou a bola há um tempão inclusive para nós, *changemakers*, quando falou "amai ao próximo COMO A SI MESMO". Começa com o "si mesmo". Se eu tivesse levado isso a sério, não teria saído da Amazônia tão detonada. Não quero que o mesmo aconteça com você porque você é uma joia neste mundo e tem muita semente boa para espalhar pela frente.

 Lembre-se: primeiro, a gente. Depois, a missão, por mais maravilhosa e importante que ela seja. Isso não é egoísmo. É sabedoria. Porque a missão só vai para a frente quando a gente está bem. E estar bem não significa sem dores e só alegria. Significa estar consciente do nosso estado emocional, físico, mental e espiritual, e nos permitir pausas e caminhos de autocuidado sempre que necessário. Quando nos colocamos em primeiro lugar, percebemos que finalmente alguma coisa encaixa. Dá um alívio bom.

 E sobre o *crowdfunding*... depois do papo com o Charles e lá da Schumacher College mesmo, quando aceitei o convite do Satish para aplicar para o mestrado, eu fiz um vídeo com a ajuda do meu amigo Mateus com vários depoimentos incríveis e toda minha jornada de trabalho, com a promessa de que me aprofundaria em novos caminhos para aproximar as pessoas da Amazônia.

 O processo de arrecadar o dinheiro que faltava para além da minha poupança envolveu palestras diárias para alunos de todos os cursos, o que me rendeu boas doações. Me conectei com pessoas do Brasil e de várias partes do mundo que eu nem conhecia. Fizeram uma festa na Áustria para arrecadar dinheiro para mim. A Fernanda, no Brasil, fez a mesma coisa para me ajudar. Ganhei mil libras de uma vez de um cara que estava há anos juntando dinheiro pra estudar no College. Um outro, que hoje virou meu amigo, pagou pelas minhas passagens, já que no meio do processo tive que voltar ao Brasil para organizar a minha vida. Meu estardalhaço para estudar lá rendeu tantas histórias, encontros, tanta generosidade.

Em quatro meses, contando as doações e as bolsas de estudo, arrecadei o equivalente a centro e quarenta e cinco mil reais para poder estudar. Foi uma campanha intensa pelas mídias sociais e ela viralizou. As pessoas me escreviam dizendo: "Karina, não consigo pagar pela plataforma internacional porque vão cobrar muito de imposto, então eu posso depositar o dinheiro diretamente para você?" Entrava dinheiro na minha conta que eu nem sabia de onde vinha. Eu realmente sou e sempre serei muito grata a todas as pessoas que acreditaram em mim e no poder da missão que me abraçou.

Faltava um mês para eu pagar mais cinco mil libras e eu estava absolutamente exausta. Eu tinha que estudar e fazer campanha para arrecadar dinheiro ao mesmo tempo. Me sentia um verdadeiro peixe fora d'água entre meus colegas de classe. Se não conseguisse pagar tudo, não poderia fazer mestrado e escrever uma dissertação, como eu sentia que devia fazer. A certeza que havia dentro de mim era que eu precisava estudar e escrever sobre caminhos para aproximar as pessoas afetivamente da Amazônia. Era essa a minha meta.

Uma pessoa que pediu que eu jamais mencionasse seu nome ao contar essa história me chamou em uma sala e disse:

– Karina, tudo bem se você não conseguir pagar para estudar o mestrado. Você já poderia, mesmo assim, voltar para o Brasil com uma pós-graduação.

Naquela época, quem pagava o valor total fazia mestrado e quem pagasse só uma parte fazia uma pós e não poderia escrever dissertação.

Desatei a chorar copiosamente.

– Você não entende? Eu vim até aqui para fazer o mestrado, eu não coloquei todo o dinheiro da minha vida aqui, eu não estou fazendo essa campanha para voltar para o Brasil com pós-graduação. A Amazônia quer que eu faça mestrado.

Nesta hora, exatamente quando falei "A AMAZÔNIA QUER QUE EU FAÇA MESTRADO", esta pessoa checou seus *e-mails* e olha de volta para mim, com olhos arregalados, enquanto eu assoava o meu nariz, que estava obviamente escorrendo de tanto eu chorar, e me disse:

– Não é possível, é muita sincronicidade! A Amazônia deve estar me falando para te ajudar. Dá uma olhada no título do *e-mail* que eu acabei de receber.

Título do *e-mail*: UM CHAMADO DA AMAZÔNIA.

Eu olhei, compreendo intimamente que sim, realmente, como eu disse, eu estava ali porque sentia que o espírito da floresta queria que eu fizesse mestrado. Essa pessoa olhou para mim e disse, num lento suspiro:

– Vamos fazer assim. Eu vou pagar o que falta. Continua seu *crowdfunding* e me paga de volta o que conseguir. Fique tranquila. Não chore mais. Estude e trabalhe pela floresta.

Dei um abraço nesse ser especial aos prantos, corri até o meu quarto, empurrei a porta que ficava de frente ao meu altar e ao lado da minha cama praticamente derrapando meus joelhos no chão em alta velocidade. Eu precisava agradecer.

E, como parte dos milagres que me acompanharam durante essa saga do *crowdfunding*, eu recebi, indiretamente, um valor que veio de James Lovelock, o cientista inglês que teve uma epifania sobre o planeta Terra enquanto inventava máquinas de alta tecnologia para uso da NASA. Que, junto da bióloga Lynn Margulis, cunhou a chamada Teoria de Gaia, segundo a qual o planeta não é matéria inanimada, mas um organismo vivo com capacidade de se autorregular para que a vida continue existindo. O cara que peitou o ceticismo da ciência por muitos anos ao lado de sua companheira de trabalho para provar ao mundo que nosso planeta é vivo. Que honra e que responsabilidade ter conseguido estudar graças ao apoio indireto dele, meu Deus. Ele provavelmente nunca soube que eu existo, mas isso não tem a menor importância. Dentro de mim, o que se passa é... "caramba... James Lovelock!". Sabe por que compartilho essa história? Para você ter a certeza MAIS QUE ABSOLUTA de que, quando trabalha pelo universo, pelo bem, o universo também trabalha por você. Consegui morar um ano na Inglaterra, fiz o mestrado, passei com *distinction*, classificação geralmente concedida quando o desempenho do aluno é excepcional, e escrevi minha dissertação, que nomeei de "Reconnecting with the Amazon – Awakening Deep Feelings for the Rainforest" – em português, "Reconexão com a Amazônia – o despertar de sentimentos pela floresta". E o meu processo interno de integrar o "primeiro eu, depois a missão" continuou.

A cura da minha obsessão pela Amazônia também passou por uma conversa com a Gisele Bündchen – conversamos muito quando nos conhecemos, foi realmente muito bonito nosso encontro e essa conversa me impactou tanto! Depois de eu contar toda história do meu trabalho pela Amazônia, ela me disse:

– Karina, por que só Amazônia? Amazônia te limita. Por que não o planeta Terra inteiro?

Rolei ladeira abaixo de novo, abri meu escopo, encarei muitos outros processos de cura com apoio de pessoas incríveis – curadoras, visionárias e *coaches*, sem contar outros rituais espirituais dos quais participei – com guiança de pessoas de uma tamanha elevação espiritual que eu nunca imaginei que fosse conhecer nessa vida. Em um destes rituais, ganhei de presente uma amiga e uma *coach* espiritual que sempre me apoia em momentos cruciais. A Ira acompanhou um dos pontos mais delicados da minha transformação espiritual em relação ao meu trabalho.

Hoje posso afirmar que me libertei da obsessão e da energia equivocada do sacrifício e que estou de volta ao SACRO OFÍCIO. Hoje escrevo este livro na Austrália, outro lado do mundo em relação ao Brasil, de onde enxergo outra floresta e sorrio ao pensar nos capotes que tomei para compreender tudo isso aí que contei para você.

Encarei o meu processo de cura e passei inclusive a trabalhar de muitas outras maneiras, jamais imaginadas antes por mim, e que hoje trazem uma alegria enorme ao meu coração. Além de jornalista, sou também especialista em Ecologia Profunda e mentora de *changemakers* – para sempre ambientalista, é claro!

ESPIRITUALIDADE É PRECISO

– continue confiando nos sinais

Espiritualidade é um modo de viver e não depende de religião. Em minha modesta visão, uma pessoa espiritualizada é aquela que olha para dentro de si com constância. Que, aos poucos, se melhora. E que permite que este melhorar-se transborde em benefício para si, para outras pessoas e para o planeta.

Quando nos conhecemos profundamente, conseguimos nos ajudar de maneira certeira, saber muito bem o que queremos, reconhecer com alegria nossos talentos, ter clareza sobre como podemos fazer a diferença, sentir conexão, proteção e guiança, entrar em *flow*. **Autoconhecimento é porto seguro de uma longa caminhada de apoio ao nosso mundo.**

"Espiritualidade é ter consciência do segredo, da magia, do mistério da teia da vida, honrar e servir de verdade, conectado a essa teia. É a dimensão complementar da materialidade", fala minha amiga Fe Cortez no livro dela, *Homo Integralis: uma nova história possível para a humanidade*. Eu concordo totalmente com ela. Espiritualidade, necessariamente, implica em autoconhecimento – sem ele (e lembrando que essa conversa não tem a ver com dogmas e religiões) *changemakers* podem cair em algumas armadilhas do ego ao longo do caminho. Compartilharei apenas duas que estão em lados extremos e que considero como importantes pontos de atenção. A primeira chamarei de **Armadilha do Ego Gigante**. Os pensamentos, sensações e emoções que nos visitam podem ser... "sou tão bom, tão esclarecido, tão foda, sei tanto sobre isso ou aquilo que sou melhor do que os outros". Quem cai nas armadilhas do ego gigante geralmente tropeça na falta de humildade e acaba se esquecendo de que todos estamos aqui para aprender. O *coach* Brendon Burchard diz que certos profissionais podem ser absolutamente geniais, excelentes – mas, invariavelmente, caminham para o fracasso quando começam a se achar melhor do que as outras pessoas. Quem se acha melhor, acaba sozinho.

O ego gigante também se intromete entre nós e nossa causa quando passamos a nos achar importantes por ter uma causa que conta com nossa presença. Podemos começar a nos comparar e considerar mais inteligentes, sábios, evoluídos, comprometidos. Esse caminho faz emanar de nós uma arrogância capaz de afastar as pessoas e aí o ego gigante ganha pitadas do que se chama "ego espiritual" – sabe tanto cognitivamente, começa a se achar tão melhor do que os outros que... acaba sozinho também.

Quem vai querer te ouvir enquanto você emanar energia de desprezo pelos demais? Quem vai dar qualquer importância ao que você tem a dizer quando você mesmo se acha superior a todo mundo, só porque teve mais estudo e oportunidades, porque enxerga o que outras pessoas talvez ainda não enxerguem? Porque tem privilégios que outras pessoas não têm? Cuidado.

A necessidade de termos razão pode nos motivar a agir pelo ego, pela individualidade, pela necessidade de aplausos, de tapinha nas costas, porque queremos ser amados, aceitos, valorizados, vistos. E, se formos por aí, podemos esperar encontrar frustração pela estrada, porque só sobrevivemos como *changemakers* quando sincera e honestamente o bem do todo importa mais do que os aplausos que recebermos. **Se vierem reconhecimentos depois, *ok*, mas se não vierem,** *ok* também, porque o que vale é fazer o que precisa ser feito e com o máximo de amor, dignidade e integridade que pudermos.

O segundo ponto chamarei de **Armadilha do perfeccionismo interno**. A pessoa se olha, busca o autoconhecimento, não fica desprezando os outros, mas quanto mais busca se conhecer, mais sombras enxerga em si – NORMAL. É assim mesmo. Só que tem gente que, em vez de se empoderar no processo e trocar ideias com essas sombras, adere a pensamentos que a fazem acreditar que ela é um ser humano horrível, indigno, hipócrita, impostor. E é aí que a autossabotagem começa sua atuação.

Tem quem ache que só vai conseguir ajudar alguém e fazer algo de bom pelo mundo quando curar crenças limitantes, medos e sombras. **Para espalhar sementes de luz, não precisamos nos iluminar primeiro.** Esse é um extremo do caminho do autoconhecimento – nosso ego pode querer nos atrasar a vida através da procrastinação, que muitas vezes anda juntinho com o perfeccionismo – por nunca se achar bom o suficiente. Costumo dizer aos meus clientes que a gente troca o pneu com o carro andando mesmo! **Autoinvestigação é uma atitude, um compromisso interno que se assume com o próprio crescimento e evolução.** Não permita que crenças limitantes te impeçam de trabalhar por um mundo melhor.

Autoconhecimento na vida de qualquer pessoa é muito importante. No caso dos *changemakers*, é necessário para esse tanto de coisa que falei aí em cima: que se conectem com suas causas, talentos e potencialidades, que conheçam as crenças limitantes, as sombras que pedem cura e cuidado, que se conectem com sua luz, com seu poder, que saibam lidar com a raiva e dor que sentem, que atuem com humildade e espírito de serviço. Quanto mais aparamos as arestas internas, mais claro fica o caminho e a ação.

Autoinvestigação também é fundamental para que se estabeleçam limites – saber até que ponto ir, até que seja necessária uma pausa para esvaziar o copo da dor acumulada, devido ao contato constante com as injustiças que acontecem. Autoconhecimento é ferramenta de sobrevivência quando não caímos nas armadilhas dos três buracos.

Conhecer-se é importante para o desenvolvimento da intuição – o saber simplesmente, sem que esse saber passe antes pelo filtro de nossa mente racional. Quanto maior a nossa capacidade intuitiva, mais clareza ganhamos em relação aos próximos passos – na carreira, no servir e na vida.

Quanto mais nos aprofundamos dentro de nós mesmos, mais abrimos nossos canais e aumentamos nossa capacidade de nos conectarmos com a luz. E, quanto mais nos elevamos, mais somos ensinados a desenvolver dentro de nós uma capacidade maior de sentir compaixão pelas pessoas que ainda não compreenderam o que vieram fazer aqui neste mundo, que destroem tudo o que veem pela frente, ou simplesmente não se importam.

Quando elevamos nossa vibração, conseguimos enxergar o mundo que nos rodeia com mais compaixão e clareza. Adquirimos uma capacidade maior de compreender as complexidades e nosso papel na grande teia da vida.

Não estou dizendo aqui que o caminho espiritual seja uma prática obrigatória – cada um tem uma jornada e há muita gente espiritualizada que nunca pisou em templo algum ou participou de qualquer tipo de cerimônia ou ritual. Por "caminho espiritual" ou "espiritualidade" me refiro à prática constante do olhar para dentro para caminhar com cada vez mais integridade.

Se quero um mundo de paz, vou trabalhar para encontrar a paz dentro de mim. Se quero um mundo de amor, vou fazer caridade, praticar o altruísmo e olhar para minha dificuldade em perdoar, amar e ser amada. Se desejo abundância e prosperidade a todas as pessoas, vou bolar um plano para ganhar dinheiro com o que amo fazer. Vou também olhar onde, dentro de mim, ainda existem sentimentos de escassez, egoísmo e avareza. Se desejo mais notícias boas na mídia, como jornalista, eu vou escrever notícias positivas consciente de que minha vibração energética, ao escrever, poderá afetar a vibração de quem me lê. E, como leitora, vou incentivar iniciativas que dão espaço a mais notícias positivas. Se quero um mundo com mais árvores, vou me conectar com elas, pisar na terra, abraçá-las, plantar ou investir em quem planta. Não estamos nesse mundo apenas para estudar, encontrar um emprego, formar uma família, pagar as contas, fazer cocô e morrer.

Se eu não tivesse caminhado pelo autoconhecimento, não teria descoberto meu potencial como *changemaker*, não teria mudado para a Amazônia, nem teria sido convidada a estudar, fazer mestrado no melhor lugar possível para mim, nem teria fundado o Reconexão Amazônia, nem teria conhecido tantas pessoas incríveis e inspiradoras dos quatro cantos do mundo. A jornada pela espiritualidade realmente mudou a minha vida e, quem sabe, pode mudar a sua também.

Sentada no banheiro da minha casa, enquanto fazia xixi com o livro da faculdade chamada Pontifícia Universidade Católica de São Paulo na mão, li todas as possibilidades de carreira na fase pré-vestibular, bati o olho em "Comunicação Social – Jornalismo" e decidi ali, sentada na privada, a profissão que me ensinaria a ser uma humana melhor.

Durante os trabalhos que encontrei na época da faculdade, nunca me senti "dentro", "apropriada", "configurada" para aquele jornalismo de TV, jornal ou revista famosinha. Eu nunca fui a fim disso, nem entrei na ambição de conseguir um "furo" de reportagem, nem nunca dei a menor bola para prêmios de jornalismo.

Na época da faculdade, me tornei o que se chamava de "frila fixo" em várias redações da Editora Abril – ou seja, não tinha carteira assinada, mas era chamada o tempo todo para fazer reportagens e vivia dentro das redações. Foram cinco anos ali, dos vinte aos vinte e cinco anos, publicando textos em várias revistas: *Viagem e Turismo, Nova, Mi-*

nha Novela, Exame, Playboy. Me procuravam, passavam pautas das mais loucas e eu fazia. Escrevi sobre festinhas de gente famosa, o aumento do consumo após a Segunda Guerra Mundial, o novo corte de cabelo da fulana famosa; relatei todos os movimentos de paquera entre quatro homens e quatro mulheres que tive que levar para três passeios diferentes (esta pauta me cansa de novo só de lembrar).

Escrevi sobre baladas, shows incríveis (ganhei um beijo na testa do Caetano Veloso) e até cheguei a fazer avaliação de motel com o namorado da época. Em suma, eu topava escrever sobre tudo, por mais que a pauta não tivesse NADA a ver comigo, contanto que eu visse meu nome bonitão impresso na revista. Isso, sim, me alegrava. Aos poucos, construí um currículo incrível. Nos meus tempos de "jornalista de qualquer coisa", quando eu também cheguei a trabalhar para outros lugares, de vez em quando eu dava um jeito de fazer algo de que gostasse e me orgulho em ter entrevistado os incríveis Fernanda Montenegro, Paulo Autran e Marília Pêra. Todas estas experiências me ensinaram muito e aprendi a adaptar minha linguagem a cada estilo de revista. Eu não sabia, mas precisaria desta versatilidade ao longo da vida.

De qualquer forma, naquela época eu estava anestesiada após anos de faculdade, valorizando coisas que não tinham valor para a minha alma: pessoas "importantes" e com reputação para aquele tipo de jornalismo, pautas engraçadas, úteis e inúteis. Numa dessas, questionei tanto, meu Deus... "por que raios eu preciso saber quantos postes existem em Paris?" JURO, eu já tive que pesquisar quantos postes existem em Paris e ainda dar satisfações sobre a pesquisa para um jornalista carrancudo de uma revista que sempre se achou a melhor das melhores, com conteúdos cheios de preconceito em suas páginas. "Como assim, você não pode ter certeza deste número?" *Well*... com o passar do tempo, eu vi que estava ali por ego mesmo, eu detestava aquela revista, mas o mercado adorava. Eu queria ganhar experiência, fazer currículo, mas e o propósito? "Foi pra isso que eu nasci? Pra ser uma máquina de escrever textos nada a ver comigo?", passei a me perguntar. A resposta, claramente, foi um redondo não.

Acredito que este período de desconexão da minha essência foi útil e necessário ao meu aprendizado profissional. Passei pelas principais redações do Brasil para aprender a me comunicar com diversas formas de linguagens diferentes. Entrevistei grandes nomes da música e da dramaturgia brasileira, me aproximei de especialistas de tudo que é área para aprender a me adaptar, investigar, pesquisar. Aprendi a falar de igual para igual com todas as pessoas. Isso me deu um belo currículo aos 25 anos. Graças à minha caminhada, eu vejo que o universo nunca erra na matemática. A vida só estava me preparando para o que viria pela frente.

Naquela época, minha vida era repleta de festinhas, bebidinhas e prazeres cotidianos entre a galera de uma redação e de outra. Escrevia reportagens direto, tinha meu nome publicado em tudo que é revista e curtia minha vida, mas a insatisfação bateu na minha porta. **Quando estamos prontos, a insatisfação bate à porta.** Minha alma clamava por algo que eu não sabia o que era. Ela me dizia que a direção não era aquela.

Até que um dia, tudo mudou. Era Páscoa. Todos os meus amigos decidiram passar os quatro dias do feriadão imersos em rituais xamânicos, em uma fazenda do litoral de São Paulo, na Serra do Mar, bem no meio do mato. Eu não queria ficar sozinha e resistia. "Ah gente, fala sério, imersão xamânica para tomar *ayahuasca* bem no meio do feriado?" Tentei me esquivar de tudo que é jeito. E meu último argumento, quando pararam com o carro na frente da minha casa, foi dizer que o veículo já estava lotado e que eu não caberia ali.

E meu amigo André falou: "Karina, a gente vai de busão então, pra você poder ir com a gente." Thiago e André se levantaram, calmamente tiraram suas malas do carro, olharam para mim e falaram que para eles não teria problema. Detalhe: horas de viagem desconfortável com um certo perrengue para chegar até a fazenda onde aconteceria o retiro xamânico. Depois dessa, eu não tive mais o que falar. Fiz minha mala e, cheia de medo e desconfiança, fui.

Cheguei totalmente despreparada. Só tinha calça *jeans*, quando deveria ter uma saia. Me emprestaram uma. Ainda me sentindo um peixe fora d'água e bem desconfortável, acendo um cigarro (naquela época, estava começando a fumar) e, cinco minutos depois, me pedem para apagá-lo. "Ai que saco", pensei. No entanto, quando finalmente entrei no templo do lugar reconheci, ali, naquela época, autoridade espiritual. Eu podia estar meio perdida, mas sempre fui bem intuitiva.

Joelhos no chão em frente a uma imagem gigante de Jesus, pedi perdão, envergonhada da minha rebeldia. "Meu Deus, onde eu vim parar?" E uma moça se sentou ao meu lado e me disse que eu deveria me lembrar de quatro palavras no decorrer da cerimônia: Humildade (porque precisamos dela para beber algo tão sagrado); Entrega (se bebeu, então sai do controle e confia); Firmeza (o ego sempre tenta nos distrair. Portanto, foco no trabalho espiritual); e, por fim, Beleza (resultado certo para quem praticou as três palavrinhas anteriores). Agradeço muito a essa moça. Ela realmente me ajudou. Fogueira, mais de 100 pessoas, músicas, mata, tambor. O sentimento interior era de entrega total. Me deixei conduzir por algo que eu não tinha a menor ideia de para onde me levaria.

Antes de entrar naquele carro rumo à experiência que mudaria completamente a minha vida, eu já havia me lembrado, por causa da crescente insatisfação em ser "jornalista de qualquer coisa", que aos 12 anos eu já tinha escrito um livro sobre cuidar do planeta. Seu nome é *Natureza, o desafio a viver*. Aquele livro foi escrito à mão, datilografado numa máquina de escrever por uma amiga da minha mãe e encadernado. É a única edição que eu tenho. Ali havia uma minijornalista ambiental, que escreveu aquelas páginas depois de semanas debruçada nas enormes e pesadas *Enciclopédias Barsa* – quem tem mais de 40 anos deve se lembrar.

Aos 12 anos, já aparecia uma quedinha de amor pela Amazônia. Me debruçava sobre as enciclopédias para ver fotografias da grande floresta. Bastante surpresa, vi que no meu livro havia colocado uma frase do Chico Mendes: "Antes, eu achava que estava lutando pela nossa castanheira, pela nossa seringueira. Depois, achei que estava lutando pela Amazônia. Hoje, sei que minha luta é pela humanidade". Coincidência ou não, guardadas as devidas proporções e diferenças, minha vida seguiu os passos das palavras do Chico. Naquele livro, também encontrei frases do cacique Seattle: "Não é a terra que pertence ao homem. É o homem que pertence *à* terra". Karininha, 12 anos, já falava de Amazônia, ribeirinhos e povo nativo norte-americano. Fica a dica para você se conectar com o que amava fazer quando criança. Você vai encontrar muitas pistas valiosas sobre seu caminho na vida.

A criança manifesta, em sua pureza, a nossa essência, e é essa mesma essência que se mantém viva dentro de nós quando nos tornamos adultos. Se quisermos ser adultos felizes, nós necessariamente devemos nos lembrar do que nos fazia felizes em nossa infância.

Apesar da lembrança do livro, a ficha de que meu servir nesta vida estaria ligado à área ambiental não caiu naquela primeira noite com fogueira e planta de poder. Caiu no dia seguinte. Caminhávamos em fila por uma trilha na floresta até chegar no topo da montanha. Eu já tinha entendido que havia um porquê de eu estar ali, então decidi me entregar totalmente para a experiência. Estava sem saber o que esperar. Eu não tinha a menor ideia de nada. Saltei no desconhecido do caminho que se abria para mim.

Eu estava curiosa, era o segundo dia que tomava *ayahuasca* na vida, aquelas pessoas todas com roupas de ritual, vestindo branco e outras cores... éramos centenas e, em silêncio, eu observava tudo ao redor enquanto andava ladeira acima. Carregávamos uma cadeira nas costas. Deveríamos escolher algum lugar no platô e ali ficar. O nome deste exercício, inspirado nas tribos do norte da América, era Caminhar em Beleza.

A brisa fresca batia no rosto, enquanto eu observava a natureza com olhos de quem não a enxergava há um bom tempo. De repente, durante a subida, comecei a sentir uma energia quente e carinhosa saindo do chão. Ela parecia vindo das profundezas da Terra. Essa energia entrou pelos meus pés, subiu por todo meu corpo, saiu pelo topo da minha cabeça e continuou assim, em ciclos, entrando e saindo de mim. Meu estado de consciência se ampliava.

De repente, eu olhei para as árvores e elas já não eram mais um amontoado de verde. Ilusão dissipada de meus olhos e eu as enxerguei, uma a uma, com personalidade, como indivíduos dotados de vida, assim como eu e você. As árvores poderiam olhar para nós, humanos, e dizer que somos todos iguais, mas sabemos que não somos. A recíproca também é verdadeira. É o mesmo com as árvores – elas não são todas iguais, nem física nem energeticamente.

A montanha deixou de ser "apenas uma montanha" e virou "a dona Montanha". Vi naquele ser uma autoridade espiritual, como se ela fosse consciente de si mesma e me observasse tanto quanto eu a observava.

Tudo acontecendo ao mesmo tempo e bateu uma brisa fresca. Senti o ar no meu rosto como carinho do vento, a vida me segurando no meu despertar. Olhei para o chão e enxerguei uma formiguinha carregando uma folha enquanto eu carregava a minha cadeira. Reduzi meus passos para caminhar ao lado dela. Olhei para ela e perguntei, chorando de emoção: "qual é a diferença entre a gente, mesmo?". Nenhuma. Claramente nenhuma.

Tive uma sensação muito forte de finalmente acordar depois de tanto tempo dormindo e anestesiada. De lembrar algo que meu espírito nunca se esqueceu. Cheguei no topo da montanha e ganhei um rolo inteiro de papel higiênico só para mim. "Bem vinda!", ouvi do xamã pelo qual sou extremamente grata. Em outras palavras, o que ele quis dizer foi... "bem-vinda à sua nova consciência, Karina que chegou aqui cheia de medos. Tá vendo agora? Tá bom esse encontro com você mesma?". Chorei, sorri, peguei o rolo de papel e logo achei meu lugar no platô.

Decidi sentar no meio de várias florzinhas amarelas, rodeadas de dezenas de abelhas, com a certeza absoluta de que as abelhas e as flores estavam muito felizes em receber minha visita. A energia foi clara: "bem-vinda". Que, provavelmente, também significavam o seguinte... "bem-vinda, Karina, de volta a nos enxergar como somos, finalmente! Você se lembrou!". Recebi oi de todas as abelhas e, muito tranquila, sabia que não ganharia nenhuma ferroada.

Sentei. Olhei para o esplendor à minha frente e à minha volta. Mais lágrimas. O sol acalentava nossos corpos no topo da senhora Montanha. As árvores pareciam sorrir. Olhei para os lados e observo a interação entre abelhas, que levaram meu olhar até uma flor. Bati o olho em uma delas, amarelinha, pequenina e cheia de verdade em seu pedido potente para mim. Parecia feliz. Enquanto a observava, sentindo tudo aquilo, ouvi um pedido dela, dentro da minha mente: "Karina, cuida da gente?" Meu rosto encharcado de lágrimas com sorriso de alívio celebrava junto da minha alma o meu indubitável SIM.

Aquela experiência de, literalmente, caminhar em beleza me fez mudar completamente o rumo da minha carreira e da minha vida. "CLAROOOOOO!!! Como não me toquei disso antes? Livro sobre natureza aos 12 anos, estudei jornalismo, é claro que minha missão como jornalista é a de cuidar do planeta!". Cheguei naquela fazenda como "jornalista de qualquer coisa" e saí de lá comprometida a usar o jornalismo para proteger Gaia. E assim tem sido, desde 2005.

De volta à realidade do dia a dia, minha vontade de fumar desapareceu por completo e comecei a buscar maneiras de atuar como jornalista ambiental. Topei com o André Trigueiro em um evento, perguntei a ele como fazia, se havia algum curso para me aprimorar, ao que ele me respondeu sorrindo enfaticamente: "seja autodidata". Descobri então um *site* que se chama ((o))eco. Mandei *e-mail* com meu currículo para repórteres. Nada. Editores e nada, nenhuma resposta. Me enchi o saco e escrevi ao diretor, na época o Marcos Sá Correia. "Oi, Marcos, tudo bem? Então, eu mandei à sua equipe, mas ninguém me respondeu. Assim como você, eu também passei pelas principais redações do Brasil até que entendi que ser jornalista, para mim, é cuidar da natureza. Posso te enviar meu currículo, podemos conversar?"

Resposta foi algo do tipo: "Claro, Karina! Moro no Rio de Janeiro, chego em São Paulo nessa quarta-feira às 15h, no aeroporto de Congonhas, mas não sei se vai dar tempo de tomar um café dessa vez. Vamos falando". "Oi?", pensei. "Essa quarta, 15h, aeroporto de Congonhas???"

Na época eu também trabalhava para uma produtora de vídeo. Escrevi num papel sulfite: "Olá, Marcos, eu sou a Karina Miotto", em letras grandes. E, na dita quarta-feira, peguei minha bolsa, fechei o computador e saí sem falar nada para ninguém. Cheguei no aeroporto de táxi. Na época, eram dois portões e, como eu não sabia o número do voo, não teria como saber por qual portão ele sairia. Então fiquei ali, por meia hora, correndo de um portão até o outro, na esperança do Marcos – que só vi pelo *site* numa foto 3x4 – me reconhecesse.

Quando ele saiu e leu a plaquinha, começou a rir e me disse: "Karina, estou impressionado com o seu entusiasmo! Vem comigo, vamos almoçar juntos aqui no aeroporto mesmo". Sentamos na mesa e ele me pergunta: "então sobre o que você gostaria de escrever para ((o))eco?" Falei sobre várias pautas e botei ênfase em uma em especial, sobre proteger as árvores de São Paulo de serem destruídas por conta de empreendimentos imobiliários, coisa do tipo "MUDA O PORTÃO DE LUGAR, MAS DEIXA A ÁRVORE, PORRA!" Eu estava há semanas investigando um caso e travando uma batalha para proteger duas árvores de um bairro da cidade chamado Vila Olímpia.

Para minha surpresa... Marcos escreveu sobre mim, nosso encontro e minhas ações para proteger as árvores no jornal Estado de S. Paulo, entre os de maior circulação no país. De quebra, ainda escreveu a um dos editores: "Sabe a Karina Miotto? Responda o *e-mail* dela por favor. Cuida bem". Resultado: passei a escrever sobre proteção e conservação da natureza para este *site*, já naquela época um dos melhores do país. Seis meses depois do meu primeiro ritual xamânico, rolou aquela convocação da Amazônia – "Karina, vem agora, você está pronta". E para lá eu fui. E jornalista ambiental que cobria a Amazônia e ativista eu me tornei. Sabe como se desenrolou essa mudança para a floresta? Carl Gustav Jung, psiquiatra suíço e fundador da psicologia analítica, chamaria isso de "sincronicidade", ou seja, "coincidências com significado". Eu diria que, além disso, rolaram uns milagres mesmo, aquele suporte do universo, o *flow*, tudo caindo no meu colo da maneira mais exata e impressionante possível.

QUANDO SEGUIMOS O CHAMADO DA ALMA, TODAS AS PORTAS SE ABREM

Uns 3 meses já tinham se passado desde a minha decisão de mudar para a Amazônia. Uma colega do *site* ((o))eco me chamou para uma conferência de imprensa sobre energia solar no escritório do Greenpeace, em São Paulo. Ao final, fui conversar com uma mulher super simpática e comentei com ela que estava de mudança para Manaus. Por que Manaus? Literalmente, foi o primeiro nome que veio na minha cabeça.

A moça, na época, era diretora de comunicação da organização para todos os assuntos ligados à Amazônia e o escritório ficava justamente em Manaus, e eu não sabia. Ela olhou para mim e disse, sem nunca ter me visto na vida: "Ah! Legal, conta com a gente! Olha, se você quiser, pode dormir lá no escritório até você encontrar lugar pra morar. Nós temos cama, cozinha, comida... e você pode se tornar uma voluntária do Green, se quiser". Quando eu era criança pedi para minha mãe me afiliar ao Greenpeace. Eu esperava as cartinhas sobre suas ações toda ansiosa, me sentia realmente parte daquilo e meu sonho era trabalhar lá. "E agora vou morar no escritório deles e virar voluntária quando chegar na Amazônia, não tô acreditando!", pensei. Quando faltavam dois meses para eu me mudar, bate um "aloooouuu, Karina, pensa no que você está fazeeeeendo" pela primeira vez. Comecei a pensar no assunto de modo mais racional, digamos. E aí minha mente começou a me fazer perguntas: "Você vai para lá, como é Manaus?", "Karina, você se tocou que está de mudança para Manaus, uma cidade que você nunca viu na vida?", "Karina, *hello*, você percebeu que vai mudar para o Norte do país?", "Karina, você já se tocou de que não tem A MENOR IDEIA de para onde está indo?"

Eu estava na fase de encaixotar meus livros e estes pensamentos me deixando cada dia mais tensa. Bem no meio dessa confusão mental, recebo um *e-mail* de uma empresa de turismo que faz passeios em barcos de luxo pela Amazônia (por um tempo fui editora de um *site* de hotelaria chamado Hôtelier News. Por isso, recebi esse convite).

Vou repetir: eu comecei a me cagar de medo da minha decisão, pois nunca tinha pisado na Amazônia na minha vida. E, neste *e-mail*, quando faltava tão pouco para me mudar, li o seguinte: "Cara Karina, gostaríamos de lhe convidar para passar uma semana viajando conosco em nosso barco de luxo pelo roteiro que parte de Manaus. Viajaremos uma semana pelo rio Negro. Você aceitaria estar conosco e fazer uma reportagem contando sua experiência?"

AHAM, UNIVERSO. Era a vida me dizendo "fica tranquila, você não vai se mudar para Manaus sem antes saber onde está se metendo, vou te acalmar". E, com aquele sentimento, meio embasbacada e totalmente confiante de que eu estava no caminho certo, parti para Manaus para viajar para a floresta pela primeira vez na minha vida.

Me lembro como se fosse ontem... no avião, eu não tirava os olhos da floresta. Que imensa!!! Dos dois lados da aeronave, eu enxergava um mar de árvores e rios, entre recortes de desmatamento e focos de queimada. O avião voava a uns 850 quilômetros por hora e eu vi muita floresta por pelo menos duas horas. Fiquei impressionada com o tamanho daquele pedacinho de Amazônia. Aquilo tudo era só um pedacinho!

Me lembro de enxergar o espectro de um arco-íris da janela. Finalmente eu estava indo ao seu encontro, ao seu chamado, e estava incrivelmente feliz em saber que esta viagem com todo conforto e segurança aconteceria tão pouco tempo antes da minha mudança.

Me senti tão absolutamente cuidada pelo Universo que não cabia de gratidão e felicidade. Ao chegarmos, respirei aquele ar cheio de água e pela primeira vez soube o que era estar "a plenos pulmões". Aquele bafo quente muito me agradou. O céu parecia mais azul do que eu estava acostumada e as nuvens eram bem branquinhas.

Uma vez no tal barco de luxo, enquanto navegávamos, eu olhava pela janela. A cama era de casal, chique, mas ela não me importava de nada. O ar-condicionado da cabine, eu nem ligava. Ficava na varanda do quarto enquanto navegávamos, ou então nas áreas externas onde poderia admirar aquela natureza toda e o rio Negro que, com suas águas, espelhava perfeitamente as nuvens e o azul do céu. Eu queria absorver cada segundo de cheiro, barulho da mata, verde colorido das árvores, céu e chuvas amazônicas. Por algumas noites cheguei a ficar em cima da embarcação admirando, em silêncio, os raios sem fim que caíam no horizonte, em uma dança ritual com trovões. Ficava ali ou até a chuva cair ou até meus olhos se cansarem.

Fizemos vários passeios ao longo dos dias – avistamento de jacarés, visita a comunidades ribeirinhas, observação de pássaros, trilhas. Tudo mexia comigo profundamente. Eu não tinha medo de nada. Simplesmente me sentia parte de tudo aquilo, a floresta me dava oi sem parar.

Me entreguei completamente a cada momento daquela experiência. Bati altos papos com ribeirinhos, fiz carinho em jiboia gigante de estimação, tomei chuva com a boca aberta para beber a água daquelas nuvens bonitas. Eu não tinha biquíni, então me joguei de calça e camiseta no rio Negro para nadar com botos cor-de-rosa na companhia de uma menina ribeirinha que conhecia cada um deles individualmente e os chamava por nomes que ela mesma dava.

Estávamos as duas na água, apoiadas em um pedaço de madeira colocado dentro do rio. De repente, senti um boto nas minhas pernas, ao mesmo tempo que outro encostou em minhas costas e um terceiro emergiu da água em direção ao meu rosto e veio chegando até seu focinho encostar no meu nariz. Três botos-rosa interagiram comigo ao mesmo tempo. Visualizou a cena? Me senti beijada, abraçada, saudada, recebi deles um "Oi, Karina!" cheio de entusiasmo. Meu amigo Peter, que trabalhava comigo e que também foi convidado para aquela viagem, viu tudo acontecer. Aí ele me olhou de dentro do barco e disse, sorrindo: "Karina... você combina tanto com tudo isso aqui!". Aquele era o meu lugar. E, pouco antes de me mudar para Manaus de mala e cuia, descobri que um amigo das antigas, o Raul, tinha se mudado para a cidade, e foi ele que me buscou no aeroporto naquele simpático fusquinha vermelho!

A vida é cheia de mistérios, amor. Porque um dia resolvi ouvir minha intuição e o chamado do meu coração, todas as portas passaram a se abrir para me colocar em meu lugar. Graças à Amazônia, eu vivi alguns dos momentos mais lindos e desafiadores da minha juventude.

Como comandava o meu sonho de criança, de fato trabalhei para o Greenpeace. Viajei para áreas de floresta nunca antes habitadas por humanos em uma expedição a convite do WWF. Um privilégio. Minha carreira como jornalista ambiental decolou e virei referência quando, muitas vezes, o assunto era comunicação e Amazônia.

Fui para o Equador ser treinada pelo Google e conheci a Amazônia equatoriana. Depois de ter experienciado a maravilha que foi o TEDxAmazônia e de ter decidido que Belém também mereceria receber esses eventos, consegui a licença do TED para levar a plataforma TEDx ao Pará – fizemos dois TEDxVer-o-Peso. Por causa disso, fui convidada pelo TED para receber treinamentos internacionais na Escócia e no Qatar, onde conheci milhares de *changemakers* do mundo inteiro.

Graças à Amazônia, em uma mensagem que ela me deu em meditação, eu fui parar no Rio de Janeiro e entrei pela primeira vez em contato com a Ecologia Profunda. Ela me apresentou pessoas que me abençoaram com inúmeros *insights* e amizade.

O cientista Antonio Donato Nobre, que explicou ao mundo o que são os "rios voadores", conheci no TEDxAmazônia. Fiquei encantada com sua maneira amorosa e didática de explicar fatos científicos. Ficamos amigos – quantas vezes ele já me ouviu chorar pela floresta, sempre me apoiando imensamente com sua sabedoria! Ele me apresentou para a Gisele, que expandiu minha visão para minha atuação no mundo.

Graças à floresta, eu fui convidada pelo Satish Kumar para estudar na Schumacher College. A Amazônia também me apresentou para pessoas que me ensinaram e influenciaram muito o meu trabalho. A Amazônia me garantiu portas abertas nos Estados Unidos, na Alemanha, na Inglaterra e na Austrália, para eu estudar e me desenvolver.

Eu realmente estou aqui para te dizer que o que me impulsionou a todo esse crescimento foi uma imensa fé inabalável no que eu sinto como direcionamento vindo do mais profundo da minha intuição e da minha alma. Eu me coloco a serviço da vida como *changemaker* de tal maneira que só obedeço ao que sinto, sem questionar. Não existe o "e se?", o "como vou fazer?", "como vou sobreviver?", o "o que vão pensar?".

Eu nunca sei como as coisas vão se resolver, se ajeitar, como vou me virar, mas fato é que tudo sempre acontece. Se confiamos no universo 100%, ele nos dá 100%. Se confiamos 20%, ele nos dá 20%. A minha confiança nos caminhos que ele me manda trilhar é de 100%. E acredito que seja assim porque eu confio e me entrego MESMO. Sempre sei quando chega o momento de dar o próximo salto. E, sempre, tudo se ajeita.

Quanto mais eu confio, mais o universo me guia, mais eu obedeço e mais eu sou recompensada por isso. Não sem perrengue, sem dor ou trabalho. A vida de quem salta não é um mar de rosas – tem espinhos e pétalas nesse enorme oceano da ENTREGA. Minha vida mudou completamente depois que decidi ouvir o chamado da plantinha amarela que me contou que eu tinha que cuidar da natureza. Mudou mais ainda quando ouvi a convocação da Amazônia. E assim continuará sendo, porque estou aqui para obedecer e servir – e, agora, com a consciência de que primeiro preciso cuidar de mim.

Tem uma frase da Paula que me acompanha. Ela diz: "Onde VOCÊ quer que eu vá? O que VOCÊ quer que eu faça? O que VOCÊ quer que eu diga, E PRA QUEM?" Isso é estar a serviço da vida para além de nós mesmos, é confiar que podemos contar sempre com a guiança e a proteção de algo muito maior do que nós.

Nós, *changemakers*, somos trabalhadores da luz a serviço de um bem maior. Completamente protegidos e amparados por forças superiores que respeitam o nosso livre-arbítrio e nível de entrega. Quanto mais confiamos, mais recebemos e entregamos. E, nessa jornada, autoconhecimento é fundamental. Para mim foi, é e seguirá sendo. Se eu não buscasse esse caminho, talvez ainda fosse uma jornalista infeliz na editora mais popular do Brasil. Graças a Deus, tô aqui pra te contar que escolhi outro caminho – o da aventura, da escuta profunda de mim mesma e dos sinais do universo. A mudança completa de rumo finalmente deu sentido à minha vida ao me ajudar a proteger o planeta e a guiar as pessoas de volta a uma conexão mais profunda com elas mesmas e com o que são capazes de realizar, tendo a natureza como inspiração e guia.

Eu, humana, me conscientizei da minha humanidade e pequenez. Que alívio saber que posso humildemente contribuir com um mundo melhor, mas que não preciso e nem jamais conseguirei salvá-lo!

AUSTRÁLIA: SEGUI O SOL E CHICO XAVIER ME LEMBRANDO QUE O TELEFONE SÓ TOCA "DE LÁ PRA CÁ"

E minha vida mudaria totalmente de novo depois daquele telefonema. Nos apaixonamos quando ambos tínhamos 25 anos. Foi lindo. Sabe daquelas histórias que você nunca esquece na vida? Mas, mesmo assim, já havia repetido para mim muitas vezes que jamais iria até a Austrália, do outro lado do mundo, só para encontrar com ele.

Eu tinha voltado do meu mestrado na Inglaterra cheia de ideias e entusiasmo. Bati em portas de ONGs que admiro para falar com diretores de comunicação sobre o que eu havia aprendido, queria sugerir novas formas de comunicar e fazer ativismo (com mais inspiração e menos agressão), mas ninguém deu ouvidos. Eu sentia como se me olhassem e julgassem. "O que aconteceu com a Karina?" Não foi fácil retornar ao meu país. As portas não reabriram. Talvez o oposto acontecesse se eu ainda fosse a mesma "Karina da Amazônia".

E, assim, sem saber onde desaguar tudo o que eu havia aprendido, comecei a me sentir muito desmotivada. Ele ligou. Fiquei bem surpresa. E me perguntou se eu estava solteira, se tinha casado, tido filhos.

– Foi especial para você tudo o que vivemos?

– Sem dúvida.

– Toda vez que conheço uma mulher, sempre me pergunto se você é o amor da minha vida e eu não aguento mais isso. Eu gostaria de te ver. Você gostaria de vir para a Austrália me encontrar? Eu pago suas passagens.

Uau. Brasil não me recebendo, oportunidades profissionais não se expandindo e um homem pelo qual me apaixonei me liga do nada e me pergunta se quero viajar meio planeta para encontrá-lo. Sorri, sem entender o que a vida estava querendo me dizer. Senti frio na barriga. Dezesseis anos sem se ver. Austrália... Austrália... Austrália...

Em meus tempos de obsessão pela Amazônia, uma das partes da minha vida que ignorei e não priorizei foi a de relacionamentos amorosos. Então, ao compreender que o fluxo não estava aberto no Brasil e que eu tinha em mãos a oportunidade de, quem sabe, finalmente viver um grande amor com aquele cara tão legal e divertido que havia conhecido, então talvez eu realmente devesse arriscar. E "sim" eu disse.

Um dia, durante o café da manhã, nesse momento de contagem regressiva, sentei-me com meu pai e começo a chorar. Xícara de café com leite de amêndoas na minha frente, pão na boca, mão na testa.

– Pai, será mesmo que eu devo ir? Estou com medo.

Meu veinho me olhou nos olhos e disse:

– Filha, quando você estiver para morrer, você vai gostar de pensar que desistiu ou que encarou e foi mesmo assim?

Duas mãos na testa.

– Que eu fui mesmo assim, pai.

– Então vai filha, você tem que ir. E não vai se arrepender. Qualquer coisa você volta, sua casa sempre estará aqui pra você.

Olhei ele nos olhos, cara encharcada. Que momento da vida, meu Deus. Eu, tão viajada, sentindo tanto esta viagem sem entender por que minhas emoções estavam daquela forma.

Foram quatro meses de preparação para essa mudança. Quando foi chegando perto do dia do embarque, começou a bater uma ansiedade muito grande. "O que estou fazendo?" "Será que é isso mesmo?" "O que está acontecendo?" E me pus a meditar com minha vela acesa, todas as manhãs. Um dia, durante a meditação, tive uma visão. Me foi mostrada uma imagem onde eu via uma estrada longa com montanhas ao lado e nenhum carro ia e nem vinha. E compreendi: "Se meu caminho é com ele ou não, eu não sei, mas definitivamente é com a Austrália". Faltava uma semana para o embarque, quando fui a um lugar que frequento sempre que estou em São Paulo. Nesse dia, para minha enorme surpresa, de maneira espontânea – ou seja, sem que eu pedisse – recebi muitas mensagens canalizadas sobre esta viagem. Em um desses momentos, eu estava de um lado pensando "Meu Deus, é para eu ir mesmo? Sério que estou indo para a Austrália encontrar esse cara?" Nessa hora, uma pessoa, sob influência da espiritualidade, cruza todo o salão na minha direção, olha bem nos meus olhos, sorri e diz: "É para ir para a Austrália, sim!" Não dava mais para ter dúvidas.

Ao chegar, assim que meus pés literalmente tocaram o chão de Sydney, menstruei – meu período adiantou mais de uma semana. Entendi que um novo ciclo se iniciava. Fiz o que me foi dito para fazer e orei pedindo licença aos espíritos ancestrais indígenas do país.

Ah! E meu reencontro com o cara que achei tão incrível quando tínhamos 25 anos foi... horrível. Ele começou a me encher de perguntas logo na primeira semana, enquanto eu ainda me recuperava do *jet lag*. Queria saber como eu iria sobreviver na Austrália – devia estar achando que eu adoraria depender dele para pagar as minhas contas. Oi? Totalmente sem noção. Hoje dou risada disso, de tão absurdo que foi aquele interrogatório de dias.

Ele queria saber como eu iria procurar trabalho, como me dedicaria à minha profissão sendo que eu era nova aqui e ninguém me conhecia. Começou a sentir muitos medos: "E se eu me apaixonar de novo por você e você me abandonar e voltar ao Brasil?" Lembro de, em uma de nossas conversas, ter dito a ele: "Este é o sexto país em que moro na vida. Eu confio na magia e no fluxo. EU SEI que quando faço algo em alinhamento com o que devo fazer, tudo acontece para mim. Calma, eu acabei de chegar e sei que tudo vai se ajeitar." Ele não acreditou, a convivência não durou nem dez dias e saí da casa dele com 3 mil dólares no bolso e sem rede de apoio, totalmente decepcionada e muito triste. Minha aventura na estrada com montanhas ao lado havia começado. Jornada pela Oceania, aí estava eu.

Antes de viajar, na época em que participei do ritual de três dias com uma planta de poder que me "desplugou" da imensa dor que eu sentia pelo planeta, encontrei o Eduardo Rombauer, que me apresentou para um professor australiano chamado Peter. Entrei em contato com ele. Fomos tomar um café porque eu tinha intenção de fazer doutorado. Quando eu já sabia que iria sair da casa do cara, liguei novamente para o Peter e perguntei se ele tinha quarto disponível para alugar em sua casa. Ele era a única pessoa que eu conhecia em Brisbane.

– Karina, por que essa pergunta?

– Ah, porque preciso me mudar de onde estou.

– Karina, o que aconteceu?

– Nada, não.

– Karina?

Ai... *ok*, e contei tudo para ele. Combinamos um dia e horário. O cara havia viajado no meio da madrugada. E assim, sem me despedir, ajeitei a casa dele, agradeci à casa por ter sido meu primeiro pouso na Austrália, peguei minhas malas e fui para a casa do professor que eu tinha acabado de conhecer. E ele me conta que tinha acabado de tomar um pé na bunda de sua ex, naquela mesma semana. Resultado: choramos juntos, demos nossas risadas de nossos momentos de merda, tomamos uísque todas as noites ouvindo *jazz*, cozinhamos juntos e saímos para nadar na piscina pública todos os dias às 7 da manhã.

A Ju, que eu havia conhecido no Brasil uns sete anos antes disso, era a única mulher que eu conhecia na Austrália. Falei com ela, que me coloca em um grupo de WhatsApp chamado "Mulheres Unidas". Ali, contei a minha história e pedi ajuda. A Cris me respondeu no particular: "Karina, eu não te conheço pessoalmente, mas sua história me tocou. Eu moro em Ocean Shores com meu filho e tenho um quarto extra. Você pode ficar com a gente sem pagar aluguel até ajeitar a sua vida". Quando cheguei na casa dela, nunca mais vou me esquecer do abraço demoradíssimo que ganhei do pequeno Arthur. Nó na garganta e gratidão enorme no peito. Meu Deus...!!!

Meu visto era de turista e, por causa disso, eu tinha que sair da Austrália a cada três meses. Parti, então, para a Nova Zelândia. Eu estava com TPM e muito sensível. No aeroporto, antes de embarcar, comecei a sentir as dores do mundo impostas a nós pelo capitalismo. O aeroporto se tornou o retrato perfeito de um microcosmo de consumo, futilidade, ansiedade, egoísmo, pressa, exploração. No avião, chorei o voo inteiro. Quando cheguei na fila da imigração para poder entrar no país, ainda estava chorando. A policial olhou para mim com aquela cara de... "estou vendo sua cara inchada" e perguntou:

– O que você vai fazer na Nova Zelândia?

– Passear (segurando o choro).

– E você sabe onde quer passear?

– Não tenho ideia.

– Com quem vai ficar?

– Com um amigo (lágrima escorrendo).

– E você não tem nenhum planejamento.

– Nenhum.

– Boa viagem.

– Obrigada – e corri para o banheiro, para sentar na privada e chorar o que faltava.

Quem me recebeu primeiro foi o Igor Botelho Bernardes e sua família, na linda ilha Waiheke. Mais magia no caminho...

— Karina, vamos em um centro de sustentabilidade? Vai ter um encontro lá.

— Vamos!

Havia várias pessoas, era tipo um encontro comunitário, bem interessante. Uma mulher chega até mim do nada e me cutuca.

— Pega uma mensagem da cestinha?

— Hein?

E ela repetiu, bem assertiva desta vez.

— Então, pega uma mensagem da cestinha!

Ok, mensagem da cestinha... "gente, que insistência", pensei. E peguei. *"LOOK FOR CONSTELATIONS"*. Procure por constelações. Ri e dei de ombros. "Não conheço constelação nenhuma". E joguei o papelzinho preto com letras enormes cinza-brilhantes dentro da bolsa.

Igor de novo, no mesmo dia:

— Vamos passar numa lojinha de artesanatos? Acho que você vai gostar!

— Vamos!

Eu só estava dizendo sim a tudo o que ele me propunha. Sim sim sim.

Ao chegar lá, para minha surpresa, tratava-se de uma lojinha indígena maori, o povo da Nova Zelândia, com peças e joias lindíssimas. Papo vai, papo vem, o dono da loja nos fez um convite:

— Hoje vai ter uma cerimônia muito bonita em nosso templo, onde vamos receber os novos membros da comunidade, vocês gostariam de vir?

— SIM!

Quando chegamos lá, eu não conseguia acreditar: estava em um templo maori lindíssimo, com gravuras coloridas do chão ao teto, em tons de dourado e vermelho, coisa mais linda. Vi vários novos moradores locais, pessoas brancas, sendo recepcionadas e abençoadas por anciões e anciãs que tinham tatuagem na vertical, na região da boca e do queixo, como muitos maoris tradicionalmente fazem. E me vi em uma fila, ali, encantada com aquilo tudo, com a vida, de repente a fazer parte de uma cerimônia tão especial.

Um a um, os maori foram abençoando todo mundo e eu fui abençoada também e cumprimentada da maneira típica deles: olham em seus olhos, aproximam as suas testas da sua e tocam nariz com nariz e cabeça com cabeça, fecham os olhos ou os mantém abertos. É assim a forma de dar oi. Ao receber esse oi do jeitinho maori, meu sentimento foi como se eles estivessem me dizendo... "saúdo nossa conexão". É como se fosse um oi do melhor de uma pessoa ao melhor da outra. Coisa mais linda.

Quando vi, o cara que era dono da lojinha começa a falar em maori e depois em inglês. Ele era a liderança espiritual do templo! Um líder entre o seu povo e, para minha surpresa, me fazendo lembrar da cestinha de mensagens do centro de sustentabilidade, ele mandou essa:

— Estamos aqui também porque durante todo o mês de junho celebramos o ano-novo maori e fazemos isso PROCURANDO PELA CONSTELAÇÃO das Plêiades.

Ou seja, olhar para o céu, à procura dessa constelação e em contato com elas. Entendi na hora. *"Look for constellations"* que, em um primeiro momento não fez sentido nenhum para mim, agora fazia todo o sentido. "Preciso me conectar com as Plêiades."

As Plêiades são uma constelação de sete estrelas que se formou há cerca de 100 milhões de anos. Para os maori, as Plêiades têm uma grande importância cultural e espiritual. Eles as chamam de Matariki e as consideram um sinal do ano-novo maori. O aparecimento de Matariki no céu durante o mês de junho marca o início do novo ano maori, um momento de celebração, reflexão e renovação. Os maori associam Matariki com a fertilidade da terra, a colheita, a saúde e o bem-estar. Eles observam as estrelas de Matariki para prever as condições climáticas e planejar suas atividades agrícolas. Além disso, as Plêiades têm uma conexão com os ancestrais maori e são vistas como um vínculo entre o mundo espiritual e o mundo terreno.

Na Austrália, as Plêiades também têm significados culturais e espirituais profundos. Conhecidas como Kungkarangkalpa por alguns grupos indígenas, ou Seven Sisters (Sete Irmãs), são frequentemente associadas a histórias de criação, mitologia e sistemas de conhecimento tradicionais e desempenham um papel crucial em rituais, cerimônias e calendários cerimoniais, indicando a época de plantio, colheita e outras atividades importantes, e também na transmissão de conhecimentos tradicionais, histórias e valores entre as gerações, conectando os indígenas da Austrália com sua terra, história e identidade. As Plêiades também são vistas como um grupo de mulheres ancestrais que viajaram pelo céu, deixando uma marca na paisagem e nas tradições culturais dos povos aborígenes. Elas são consideradas guardiãs e fontes de orientação espiritual e cultural.

Naquela época eu não sabia de nada disso, mas entendi o que deveria fazer.

— Igor, vamos procurar as Plêiades?

— Vamos!

E ele dirigiu até um cais na beira do mar. Estava muito frio. Ficamos ali olhando as milhões de estrelas, mas sem chance, não conseguimos saber onde estariam as Plêiades. E fiquei com aquilo na cabeça. "Preciso achar as Plêiades."

E, novamente, o Igor me veio com um convite:

— Está tendo um círculo de tambores na casa de uma pessoa, vai ter gente de várias partes do mundo, cada um com um tambor... vamos?

Vamos, Igor. Vamos para tudo que é lado que você sentir que a gente deve ir.

A sala era pequena, mas tinha um amontoado de gente e tambores diferentes de várias tradições espirituais, da África ao Brasil aos

Estados Unidos. Pedi emprestado um tambor xamânico e comecei a tocar. Em determinado momento, depois de algumas horas e já suando, decidi ir para o quintal da casa. Entreguei o tambor ao seu dono, agradeci, abri a porta. Frio congelante. Eu conseguia ver a minha respiração no ar. Abri os braços ao céu, olhei para as estrelas sem saber onde estavam as Plêiades e falei, em voz alta:

– Oi, Plêiades! Estou aqui! Não consigo enxergar vocês, mas vocês mandaram me chamar e não sei por quê. Olha... se for para eu realmente ficar deste lado do mundo, abram os caminhos para mim, mas abram rápido, vamos dizer, até agosto, porque senão em setembro eu vou voltar para o Brasil! Não sei onde vocês estão, mas... obrigada.

Agradeci, tímida e entregue.

Na volta para a Austrália, logo na primeira semana, o Gustavo Cestari (que havia participado de um *workshop* que dei num festival em um convite totalmente inesperado, assim que me mudei para a casa da Cris), me convidou para dar uma palestra seguida de meditação sobre nossa conexão com o planeta.

No final, a recepcionista me abordou quando eu estava para ir embora.

– Um dos participantes deixou o telefone dele e pediu para você ligar. Ele disse que quer te apresentar para uma pessoa.

Ah, que interessante. *Ok*!

– Oi, tudo bem? Você foi na minha palestra, disse que quer me apresentar para alguém?

– Ah, sim, a Shelly, ela já está esperando sua ligação! É esse o telefone dela.

Assim, breve e direta, a nossa conversa.

– Oi, Shelly, tudo bem? É a Karina, falaram para eu te ligar.

E ela começou a me perguntar tudo sobre minha vida, minha carreira, meus pensamentos sobre os problemas em relação à sustentabilidade... achei aquilo tudo muito curioso e fui respondendo, empolgada, sem ter a menor ideia de com quem eu estava falando. Eu só sabia que ela era a Shelly. Até que falei uma frase para ela:

– Sabe, Shelly, a crise ambiental atual é resultado de uma enorme crise espiritual.

Ao que ela responde:

– Onde você está agora?

– Em Miami (um bairro da Gold Coast).

– Venha até a minha casa agora, por favor.

Eram quase dez horas da noite. Ela morava a uma meia hora de onde eu estava, subindo e descendo montanhas, no meio de um delicioso mato. Eu estava com o dinheiro contado, mas com muita tranquilidade gastei uns 200 dólares naquele táxi.

Passei três dias inteiros com ela e sua família, umas crianças lindas falando em fadas, amigas de cobras, e um marido bem simpático. Ela me recebeu super bem, estava fazendo um jantar com a ajuda da filha mais velha para me receber. Baixinha, loira, com óculos de coração e sempre sorrindo. Seguimos conversando sobre a vida e sobre o mundo. Eu estava curiosa, feliz, entregue àquele *flow*, sem ficar me perguntando o porquê daquilo. Eu estava realmente curtindo muito aquilo. Adoro quando isso acontece.

Ao final do terceiro dia, ela me chamou para uma conversa em tom mais sério.

– Karina, você quer ficar na Austrália?

– Quero!

Nem pensei para responder.

– Pensa mais um pouco. Me responde até amanhã.

– Eu quero, Shelly!

– Me responde amanhã.

Dia seguinte:

– Eu quero.

– Está bem – e sorriu. – Eu tenho uma escola de sustentabilidade, Você tem muita experiência, mas não tem dinheiro. Para começar sua jornada na Austrália, deve se tornar estudante. Posso te oferecer dois cursos e, em troca, você trabalha para minha escola duas vezes por semana como uma contribuição. Você topa?

As Plêiades arrumaram tudo para mim. Ganhei um visto com quase três anos de duração. Meses depois, começou a pandemia. E desse lado do mundo eu fiquei. Eu falei para o cara que me convidou para vir para cá: ..."tudo sempre se ajeita para mim, eu confio na magia da vida"... E confio mesmo.

Você deve estar se perguntando o que esta história toda tem a ver com este livro. Tem tudo a ver. Ela fala de confiança na vida, de entrega, de fé e de ação na direção que o coração aponta. Fui catapultada para a Austrália. E esse foi o começo da minha jornada de participação no "retiro espiritual mais longo e desafiador da minha vida", chamado Vida na Austrália.

Como já disse muitas vezes para mim mesma ao longo da minha existência: "Não faz sentido eu estar viva aqui no planeta se eu não puder trabalhar por um mundo melhor". E levo isso muito a sério, mas aqui me vi muitíssimas vezes NÃO fazendo isso. Por razões relacionadas a visto e pandemia, tive que trabalhar com coisas que jamais imaginei e que não alimentavam minha alma. Me vi imensamente infeliz, não pelo trabalho em si, porque todas as formas de trabalho são dignas e merecem respeito, mas porque vivenciei o que desrespeito e hierarquia opressiva significam.

Tudo isso, lembrando você, enquanto estava ainda sob as consequências do *burnout* vivido na Amazônia. Eu queria escrever e fazer meus vídeos falando com seguidores das minhas mídias sociais, mas a inspiração não vinha. Não saía nada da minha boca. Eu me sentava em frente ao computador, e nada. Me lembrei várias vezes do Chico Xavier dizendo que "o telefone só toca de lá pra cá", ou seja, o comando da inspiração para escrever vem do alto, não basta minha vontade em escrever. Tentei muitas vezes e não consegui. Aos poucos, a sensação de desencaixe foi aumentando. "Por que estou passando por isso? Por que tive que ficar na Austrália?" Cheguei a muitos estados depressivos e por pouco não entrei em depressão.

Depois de rolar muitas ladeiras pedregosas, compreendi que realmente eu teria que quebrar com o peso da minha afirmação para mim mesma, que viver só valeria a pena se fosse para criar impacto positivo. O problema não é a afirmação, pois continuo achando que estamos aqui para isso mesmo, para nos melhorarmos e deixarmos o mundo melhor do que encontramos, pelo bem-estar de seres da natureza, incluindo futuras gerações de serzinhos humanos. O problema é o peso, a cobrança excessiva.

Na Austrália, fui disciplinada – sim, disciplinada – a compreender que às vezes não importa o que se passa fora de nós, que o olhar para si em profundidade é fundamental, que missão de vida não deve ser pesada. Eu estava tentando reproduzir na Austrália a minha obsessão, mas a vida não deixou. O tempo todo, aqui, ela me disse: "Calma, Karina." Literalmente. Ouvi isso de meus mentores espirituais nem sei quantas vezes. Aprendi a desacelerar. A respeitar o tempo certo das coisas – ainda estou em aprendizado.

Apesar de muitas vezes ter trabalhado com coisas sem sentido para meu caminho de vida, eu também criei momentos para estar a serviço, em alinhamento com quem sou, com e sem remuneração. Minha primeira ação desse tipo foi quando falei com a Gabriela, que tinha acabado de conhecer, sobre as queimadas criminosas que foram impostas à Amazônia em 2019. Juntas, mobilizamos – eu com orientações e ela com sua rede de contatos – pessoas em vários Estados diferentes da Austrália em protestos pela proteção da floresta, fazendo coro a outros que aconteciam ao redor do mundo.

Aqui conduzi aulas e *workshops*, dei palestras, algumas bem memoráveis porque vi lágrimas rolando enquanto eu falava. Emoção, lembra? Sem elas, a informação relevante para causar mudanças significativas não fica. Também lembro de vivências que conduzi em meio a uma ação ativista pela proteção de um santuário ecológico que estava sendo ameaçado por empreendimentos imobiliários. Depois de levar as pessoas a falarem sobre suas dores em relação a isso, senti de colocar todo mundo para dançar e gritar ouvindo músicas de meditação ativa e aquilo foi sensacional.

A cena: eu pulando em cima de um sofá com microfone na mão gritando *"we can do it! Ahhhhhh!"* (nós podemos!), os quarenta e poucos participantes gritando a mesma frase a plenos pulmões de olhos arregalados (puro poder!) e cheios de emoções que estavam presas na alma sabe-se lá há quanto tempo, enquanto outras pessoas nos observavam, algumas com estranheza, outras adorando aquela catarse coletiva. Foi compensador e lindo demais. Então, mesmo muitas vezes não trabalhando 100% com o que eu queria, criei momentos como esse e isso faz a minha vida neste planeta valer a pena, mas sempre com a lição de fundo: "Calma, Karina".

Quando trabalhei como *fundraiser* para uma organização que protege a Daintree, floresta mais antiga do planeta, eu tinha que abordar as pessoas no meio da rua para explicar o problema da destruição dessa floresta, que fica no norte do estado de Queensland. Você não tem noção de quantos "nãos" eu ouvi. Aquilo muitas vezes me levava a sentir muita indignação. Eu diria que 90% das pessoas que abordei não queriam nem saber do assunto. Sentia raiva, tristeza, frustração.

O David, meu chefe (melhor-líder-com-quem-já-trabalhei-na-vida), me contratou por ver minha paixão em proteger florestas. Eu não falava um texto decorado para ninguém: legitimamente explicava o que estava acontecendo e a importância de fazermos algo a respeito, se quiséssemos cuidar da floresta mais vovó deste planeta Terra. Quando ele me observava, muitas vezes percebia como me sentia. E dizia: "Dá um tempo para si, Karina, vai lá abraçar uma árvore e pedir forças a ela para continuar. Vai recuperar sua energia". E eu, com olhos marejados e frustração, parava de trabalhar em busca da primeira árvore que visse para que pudesse pedir ajuda a ela para continuar.

Meus colegas diziam: "Karina, não leve para o pessoal quando te dizem não". E minha resposta era: "Mas eu não levo para o pessoal. O que me dói não é o não que dão para mim. É o não que dão para a floresta". E o silêncio se seguia. Aquele trabalho foi uma grande escola, onde pude observar, e finalmente compreender, no retiro espiritual "Vida na Austrália", que cada um tem seu tempo e seu momento para dizer "sim".

> *O parto de si mesmo não funciona com fórceps. Despertar é só por parto natural. Lembre-se disso quando você estiver se sentindo indignado quando as pessoas não entenderem o óbvio em relação à sua causa e ao que você estiver falando. Invista em quem tem abertura para ouvir.*

Outro trabalho lindo – que só chegou quando me senti curada do *burnout* – veio quando pude aplicar tudo o que aprendi nesses anos todos para apoiar uma comunidade e os ecossistemas dos Alpes australianos. Conto detalhes mais para a frente. Outra história de sincronicidades e fluxo que espero que te inspire.

Se você se vir em uma situação em que tenha que trabalhar com algo que não alimenta sua alma, paciência. Olhe para os lados, enxergue caminhos, cave oportunidades, estude, aprimore-se, seja cara de pau, encare seus medos, valorize suas forças... e faça o que te alimenta, o que te traz sentido, mesmo que, por um certo período, seja em paralelo com o que você não gosta muito de fazer.

Não permita que grandes desafios, que parecem realmente sem saída, te enganem. Na Austrália, me vi em vários momentos assim, completamente encurralada, mas aprendi vivendo que a saída EXISTE e ela está dentro e, também, fora de nós. A jornada do aprendizado e evolução, acredito eu, consiste em encontrar esses lugares, sempre começando pelo mergulho em si, porque é a partir daí que o que está fora passa a ficar mais colorido e ganha novas formas e perspectivas.

Eu poderia escrever um livro inteiro só falando de Austrália! Ao longo da jornada por aqui tomei tombos enormes (nos quais senti como se tivesse caído de cara no chão e quebrado de uma vez todos os dentes da frente). No entanto, assim como na Amazônia, passei por momentos absolutamente inesquecíveis que fiz questão de gerar em meio às dificuldades, porque já havia aprendido a lição de gerar felicidade: viajei sozinha até a Daintree, aluguei um carro e parei em vários lugares da costa, em praias onde não poderia nadar por causa de jacarés gigantes e águas-vivas mortais. Dormi sob as estrelas várias vezes, mergulhei para conhecer com meus olhos a grande barreira de corais (onde vi um ser do tamanho de um carro que parecia uma concha gigante que abria e fechava e, quando abria, eu enxergava uma enorme faixa da cor violeta no centro!).

Fiz trilhas lindas, viajei com o dinheiro que consegui juntar e conheci abismos de pedras de encher os olhos de tão lindos, vi praias com mares azuis, montanhas cheias de flores, o deserto com sua rocha-majestosa-poderosa-gigantesca-mágica Uluru! Comprei uma prancha para me divertir com minhas ondinhas no movimento de alegremente aprender a surfar, participei de rituais espirituais, recebi curas e muitos aprendizados dos meus amigos aborígenes, dancei sem pensar e numa pista onde centenas de pessoas também dançavam em silêncio completo. Participei de festivais de música e vi quatro vezes o show do Xavier Rudd – que tocou meu coração logo na primeira vez que ouvi e entendi a letra de "Follow the Sun".

Na Austrália aprendi a soltar camadas, a desapegar de expectativas, a ser mais grata, mais cortês, mais simples, a pegar mais leve comigo. Tive que atravessar o processo do perdão, soltei ressentimentos, virei as costas para pessoas tóxicas, aprendi sobre limites, sobre o quanto sou capaz, protegida, guiada. Aprendi a desapegar até mesmo da Amazônia e do "ter que" fazer alguma coisa para tornar o mundo melhor. Reencontrei a leveza e o alinhamento de tornar o mundo melhor porque isso me dá alegria e me faz sentir a serviço do Criador e da criação, não porque "tenho que" alguma coisa.

Pouco antes de vir para a Austrália, dei um *workshop* para *changemakers* com alguns dias de duração e ali tinha gente muito incrível: Wagnão, marido da Fe Cortez, ela própria, Maitê Proença, Edmara Barbosa e mais uma galera bonita. Éramos umas 20 pessoas e estávamos em Ibitipoca, Minas Gerais, em um hotel-fazenda muito lindo chamado Ibiti Projeto, perto de cachoeiras e com estátuas de ferro gigantes no jardim. Quando já estávamos para encerrar o curso (intenso, com fortes emoções, muita partilha, aprendizado e reflexão), em um papo de comadre com a Maitê, olhamos uma para a cara da outra e sentimos a necessidade de liberar as emoções de um jeito mais radical.

– Bora chamar todo mundo para um "foda-se"? – perguntei.
– Bora! Acho que vai ser bom.
– Cê me ajuda?
– Ajudo.

Voltamos para a sala, chamamos os participantes para perto, pedi para acompanharem eu e a Maitê no que nós duas iríamos fazer. Olhamos uma para a cara da outra, respiramos fundo e começamos a gritar um belíssimo FODA-SE, amplificado com entusiasmo por todos. Esse foda-se era para nossas missões de vida? Jamais! Mas para a pressão que nos colocamos e para o apego aos resultados. Eu não sabia, mas aquele grito me preparou para o retiro "Vida na Austrália", onde fui obrigada a me soltar, a *"let go"*, e a tacar uma grande quantidade de foda-se para manter a sanidade mental.

Foi brabo? Foi. Compensador? Totalmente. Amadureci? Muito. Transmutador de tudo o que vivo e aprendo aqui? 100%. Me arrependo? Jamais. Valeu a pena? Nossa Senhora! Faria de novo? Agora mesmo. Se amo a Austrália? Com toda minha alma, para toda a minha vida. Esse é um dos lugares do corpo de Gaia em que mais sinto pertencimento completo e sensação de lar. Gratidão eterna a esse lugar e a todos os aprendizados, por mais difíceis e dolorosos que tenham sido. E gratidão também a cada lindo e inesquecível momento vivido.

Se não fossem meus amigos espirituais, a Ira (minha *coach* de autoconhecimento), a natureza que tantas vezes me sustentou e aconselhou, meus amigos indígenas, a rede de apoio e de amizade que fiz entre brasileiros, as amigas de outros países, os amigos australianos e minha família adotiva (realmente ganhei uma família aqui, com mãe, irmão, irmã, sobrinho e até cachorro) e, principalmente, se não fosse eu mesma a segurar firme na confiança, eu não teria conseguido passar pelas provas do retiro – mas consegui. Sorriso no rosto, alma leve, emoção, nó na garganta de levinho aqui. E não quero nem ver como vai ser quando eu tiver que desapegar e ir embora, quando minha intuição tocar o sininho de novo.

Na verdade, ela já tocou.

Siga o sol

Follow the Sun – Xavier Rudd

Siga, siga o sol
E o caminho em que o vento sopra
Quando este dia acabar

Respire, respire o ar
Defina suas intenções
Sonhe com carinho
Amanhã é um novo dia para todo mundo
Uma lua nova e um novo sol

Então, siga, siga o sol
A direção dos pássaros
A direção do amor
Respire, respire o ar
Aprecie este momento
Aprecie esta respiração
Amanhã é um novo dia para todo mundo
Uma lua nova, um novo sol

Quando sentir a vida desabar
Em cima de você de forma pesada
Quando sentir essa sociedade louca aumentar a tensão
Dê uma volta até a beira d'água mais próxima
E lembre-se de seu lugar

Muitas luas se ergueram e se foram bem antes
Bem antes de você nascer
Então, para qual caminho o vento está soprando?
O que diz o seu coração?

Então, siga, siga o sol
E o caminho em que o vento sopra
Quando este dia acabar

PARTE 2

E AÍ VOCÊ É *CHANGEMAKER*: CONCEITOS E FERRAMENTAS PARA REFLETIR (E AGIR) FORA DA CAIXA

Não estamos aqui para salvar o mundo, mas para apaixonadamente melhorá-lo.

E os tempos atuais nos pedem com urgência que acionemos nossa resiliência, sabedoria e criatividade para equilibrarmos a maneira como atuamos. Aqui, compartilho algumas ferramentas e conceitos que estudei, além de reflexões que fiz com base em minha experiência e aprendizados, e que hoje me ajudam a trabalhar por um mundo melhor de maneira mais estratégica e alinhada com o que acredito ser o caminho para a realização pessoal, bem-estar coletivo e resultados de longo prazo.

ATIVISMO DELICADO

– porque fazemos parte do mundo que queremos melhorar

O conceito de Ativismo Delicado nasceu por Allan Kaplan e Sue Davidoff. O que mais me encanta nessa outra maneira de olhar e sentir o ativismo, algo que considero ser fundamental ao caminho do *changemaker*, é que para cuidar do mundo precisamos cuidar de nós mesmos primeiro. Já falamos bastante sobre isso, né? Aprendi essa verdade tão potente e simples com minha própria experiência e foi ótimo descobrir esse conceito em 2019 para validar minhas conclusões.

Esse ponto do Ativismo Delicado está colado em outro, que é: precisamos de momentos de descanso, calma e reflexão. A gente precisa pausar para se nutrir. "Uma alma desnutrida é incapaz de imaginação. Assim como um corpo desnutrido é incapaz de funcionar adequadamente, uma alma doente é incapaz de agir criativamente. Para sermos criativos, precisamos estar livres de preocupações, confusões e ilusões. Uma alma nutrida tem força e energia para transcender os fardos da mediocridade e pensar fora da caixa! Uma alma nutrida pode superar o atoleiro dos conflitos e buscar soluções criativas e positivas", ensina Satish Kumar.

Outro fundamento do Ativismo Delicado é: ei, agentes de mudança, nós somos parte do problema que tentamos resolver. TCHAN, momento de vestir as sandálias da humildade. Queremos deixar o mundo melhor porque, coletivamente, deixamos o mundo uma bagunça.

Criamos guerras dentro de nós mesmos, implicamos com nossos vizinhos, somos intolerantes com nossos amigos, não reciclamos direito, elegemos políticos que não valem a pena, criamos nossas crianças entre quatro paredes, não perdoamos nossos pais pelos traumas de nossas infâncias, já desperdiçamos muito papel, deixamos de ir para a natureza, compramos mais do que precisamos, nutrimos mágoas e ressentimentos, não nos perdoamos, já desejamos ver os grandes corruptos do mundo presos ou em outros planetas, nos vitimizamos e apontamos os culpados fora de nós. Você pode não ticar todos esses itens com seu comportamento, mas certamente esse parágrafo pode te levar a refletir o que, em seus pensamentos, palavras e ações, tem ajudado a gerar mais energia de ódio, separação, tristeza e guerra no mundo.

Eu posso não ter nenhuma responsabilidade direta no desmatamento da Amazônia, mas, quando sinto raiva de quem desmata e só fico vociferando a respeito, sem olhar para dentro ou canalizar essa energia, eu coloco energia de raiva no campo vibracional da Terra, aumentando a raiva não canalizada no mundo. Somos todos responsáveis.

Quando uma pessoa não consegue sentir empatia por outros seres e usa o jargão "cada um tem o que merece", sem compaixão nenhuma, essa falta de empatia sai de seu campo energético e aumenta a energia de separação no mundo, quando o novo tempo nos convoca justamente ao contrário.

São muitos os exemplos que eu poderia dar. Você não tem noção de quantas vezes já vociferei contra assassinos de todas as espécies – literalmente. Quando eu já estava ferrada com o *burnout*, muitas vezes chorei de raiva, desejando a eliminação dessas pessoas do planeta Terra. Até que percebi que não, não é por aí. Eu posso socar todos os travesseiros ao meu alcance para liberar de mim essa dor, essa raiva. Isso é se cuidar, isso é olhar para dentro, isso é se responsabilizar. Posso transmutar essa energia de várias formas, arregaçar as mangas e fazer todo o trabalho que puder para conter as injustiças. Em vez de sentir ódio dessas pessoas e ficar nisso, envenenando o meu próprio sistema, posso escolher me sentir diferente. Isso é assumir responsabilidade pelo o que acontece no mundo de dentro e, também, no de fora.

Outro ponto interessante do Ativismo Delicado: nós, *changemakers*, não estamos do lado de fora do mundo tentando resolver a bagunça que "os outros" causam lá dentro. Nós fazemos parte do mundo, somos este planeta. Ter essa consciência nos protege de cairmos no erro de ficarmos apontando o dedo na cara das pessoas que queremos chamar para o nosso barco.

Charles Eisenstein propõe maneiras que podem parecer radicais no sentido de assumirmos a responsabilidade pela separação que criamos ao longo do tempo e de, também, começarmos agora mesmo a gerar união. Olha o que ele diz em seu *blog*, em um artigo chamado "Reunion":

> Que isso não sejam meros *slogans* espirituais. Que sejam reais: nós recebemos nossos irmãos e irmãs humanos em acolhida amorosa. Nós colocamos a cura acima da vitória. Nós colocamos a reunião acima da reivindicação. Não permitimos que ninguém viole a dignidade e a soberania dos outros. E não vamos odiar ninguém por ter feito isso. Vamos insistir para que o delito pare. PARE! E não vamos exigir que ninguém admita que fez algo errado. Nós removeremos do poder aqueles que abusaram de nossa confiança e limparemos a corrupção dos sistemas. E não vamos punir os abusadores.

É assim que se cria um mundo novo, não reproduzindo mais do mesmo que nos trouxe até esse caos aqui. Dá trabalho e para conseguir isso... *well*. O que você acha?

Trazendo para o ativismo, imagina que você adora carne e lê isso aqui: "Se você não parar de comer carne, a Amazônia vai continuar queimando, porque a pecuária ilegal extensiva é a causa número um do desmatamento. Indiretamente, seu dinheiro pode financiar a destruição da maior floresta do planeta." Isso é real? É. A pecuária é a atividade que mais impulsiona o desmate e a que mais usa mão de obra análoga à escravidão, mas eu vou conseguir trazer os carnívoros para a minha causa culpando-os pelo desmatamento? Olha, não necessariamente. Tem gente que pode ler isso, se assustar e refletir sobre, mas tem quem possivelmente viraria as costas por se sentir julgado, incompreendido, pressionado...

O ponto mais importante que proponho aqui é que, quando acusamos todo carnívoro do desmatamento da Amazônia, ou todo mundo que pega avião, de ser corresponsável pelo aquecimento global, afastamos essas pessoas da causa que defendemos.

Resumindo, o Ativismo Delicado nos dá quatro cutucadas bem-vindas. Em minhas palavras, *ok*?

1. Para curar o mundo, devo curar a mim mesmo também.

2. Sou parte do mundo que quero curar.

3. Sou também corresponsável por essa bagunça.

4. Reconheço que preciso de pausa e de tempo para refletir para seguir a caminhada.

"O Ativismo Delicado é um chamado para autocuidado, empatia, autorresponsabilidade e não violência na maneira como vivemos e realizamos o ativismo" – afirmei em uma entrevista ao PhD Peter Westoby, para a revista científica *New Community*, da Austrália. É isso.

ATIVISMO DE AÇÕES DIRETAS

– pausa, respira e muita calma nessa hora

Primeiro usei o termo "ativismo de combate", mas não gosto do peso e nem da energia da palavra "combate", porque ela me remete à guerra, e se queremos um mundo melhor precisamos parar de perpetuar o "nós contra eles". Eu sei, complicado, mas ninguém falou que iria ser fácil. Dito isso, decidi usar outro termo. Essa maneira de fazer ativismo é militante e de ações diretas, você sabe. É aquela que sai às ruas em protestos com gritos, faixas e dizeres contra ou a favor de um montão de coisas. Escolhe "alvos" – que são problemas sociais, políticos, ambientais – e mira neles para chamar atenção, pressionar autoridades, provocar mudanças. É um ativismo que faz parte da escolha de muitas ONGs e que requer verdadeiras campanhas onde se tem clareza de seus alvos, atacando-os e expondo-os de diversas maneiras para atingir o objetivo esperado.

Os "ataques" podem ser desde protestos, petições, publicações de relatórios e cartas assinadas por muitas pessoas influentes a clipes com artistas, viralização de *hashtags*, reuniões a portas fechadas com os próprios alvos em questão, vídeos explicativos sobre o assunto, pautas jornalísticas, ações coletivas em mídias sociais. São muitos os caminhos possíveis dentro de uma campanha de ativismo militante. E os alvos, por sua vez, podem ser políticos, grupos específicos, um problema para o qual precisamos urgentemente chamar a atenção.

Às vezes, a manifestação do ativismo militante acontece sem campanha previamente pensada, ainda mais em tempos de mídias sociais, quando todas as pessoas com um telefone na mão podem agir como ativistas e publicar vídeos, fazer *lives* para denunciar algo ou educar, sem que para isso seja necessário um meio de comunicação como jornais, *sites* e revistas.

Esta forma de ativismo não é simples, mas ela cumpre um papel extremamente importante ao ensinar a todos o que coragem, liberdade de pensamento e pacifismo significam. Ativismo com violência destrói a própria credibilidade (é um tiro no pé) e se enfraquece. Ativismo pacífico se engrandece e fortalece. Lembremos do exemplo de Mahatma Gandhi que, de forma não violenta, libertou um país inteiro da dominação e opressão de outro.

Ativistas assim chacoalham o mundo e despertam os adormecidos e os anestesiados. Não sei o que seria do mundo sem os ativistas. Dos nossos direitos enquanto mulheres se não fossem as militantes feministas. Dos negros na África do Sul se não fossem os ativistas que seguiram Nelson Mandela pelo fim do *apartheid*. Das futuras gerações (tenho fé!) se não fossem os milhões de jovens ativistas pelo clima, envergonhando governantes e empresários incompetentes e gananciosos. A lista é longa. Ativismo militante muda o mundo porque desperta as pessoas e é capaz de mudar os rumos da história.

No entanto, há algumas reflexões a serem consideradas...

Esse tipo de ativismo pode ser extremamente doloroso, demorado, desgastante e desafiador para quem o pratica. É puxado, aquela coisa de escalar um Everest por dia. *Changemakers* engajados na militância estão sempre antenados quanto às principais notícias relativas à sua causa. Às vezes as más notícias são tantas que as acompanhar e ainda ter que agir a respeito – e rápido – pode ser bem estressante e até desesperador.

Muitas das campanhas deste tipo de ativismo se valem de uma comunicação que, por falar a verdade nua e crua, pode vir a promover sentimentos como medo e culpa nas pessoas. Exemplos: "Se não diminuirmos nossas emissões, nós..." algo ruim. "Se destruirmos a Amazônia...", algo ruim. "Se não mudarmos a maneira como educamos as nossas crianças...", algo ruim. "Se não honrarmos a sabedoria indígena...", algo ruim que traz implícito um... VAMOS SOFRER.

É verdade? É. Mas é eficiente? Hoje em dia e diante das grandes transformações e desafios que nos aguardam, acredito que não. Vejo que precisamos rever como transmitimos nossas mensagens. Esta forma de comunicação faz a informação chegar nas massas ao ponto de influenciar mudanças de atitudes e atrair novos adeptos à causa em larga escala? Sim e não. Ninguém gosta de se sentir ameaçado ou fadado a um futuro de merda se...

Este tipo de comunicação pode ter um efeito inverso ao que se espera. Ela certamente é compreendida por quem já pensa dessa maneira, está minimamente aberto e enxerga as dimensões do problema, mas por outro lado pode fazer com que pessoas se sintam culpadas, tristes e incapazes de provocar qualquer impacto positivo no mundo. Ou seja, perde-se a chance de furar a bolha dos convertidos e atingir um número maior de adeptos à sua causa.

O mundo já tem notícias difíceis o suficiente para serem processadas. Informações pesadas, que apontam crueldades e injustiças, precisam ser muito bem formuladas para que as pessoas que você quer atrair compreendam o estado de urgência de alguma questão sem sentir peso, culpa ou vontade de mudar de assunto. Um desafio para comunicadores. Basicamente um fato consumado: novas narrativas são necessárias. Como comunicar os terríveis problemas que enfrentamos sem assustar ou afastar as pessoas?

Não tenho a resposta mastigada, mas compartilho *insights* que tive depois de cinco anos escrevendo sobre a destruição da Amazônia. Essa questão é a pergunta de um milhão de dólares para todo comunicador e há caminhos possíveis. Já vi frases semelhantes a essas tantas vezes: "devemos cuidar da Amazônia porque se a floresta morrer, o ciclo da água será alterado e prejudicará a agricultura. Consequentemente, ficaremos sem alimento. Por isso, precisamos cuidar da Amazônia". Essa é uma explicação que está implícita em muitas campanhas de proteção à floresta. Mesmo com boas intenções, é antropocêntrica e visa apenas a qualidade de vida de pessoas. Coloca a natureza como objeto, que só existe para nos servir, e desconsidera completamente o direito de viver dos seres não humanos. Mensagens assim infelizmente acabam reforçando na sociedade a ideia da natureza como recurso natural. Que nome infeliz, aliás. "Recurso". Não tem alma.

Talvez, se passasse a considerar uma visão não utilitarista, se complementasse a mensagem sobre as consequências desastrosas da perda da floresta com sua imensa beleza, seus povos tão diversos, sua rica e alegre cultura, com a sacralidade de sua existência e todo bem-estar que ela promove, aqui e agora, para a raça humana e toda vida na Terra... se, ao invés de focar no que perderemos se a Amazônia morrer, a mensagem focasse na iminência de perdermos algo que já nos causa tanto bem – talvez mais corações pudessem ser tocados para a causa da floresta.

Uma mensagem que foca no bem que se quer criar e não no mal que se quer evitar pode ser muito eficiente. No primeiro caso, o foco está no problema, apesar de falar da solução. No segundo, apesar de abordar o problema, o foco está na solução. As duas são válidas, mas precisamos ajustar e repensar a comunicação.

Se eu disser "céu azul", sua mente imediatamente imagina um céu azul. Se eu afirmar que a Amazônia está morrendo e precisamos protegê-la porque senão não teremos alimentos, sua mente imagina esse cenário. Qual é a sensação que te dá? E se eu te disser que precisamos proteger a Amazônia, mantê-la viva, porque ela é a maior floresta do planeta, porque ela ajuda a equilibrar todo o clima da Terra, porque é lar de muitas formas de vida fantásticas, porque ela tem rios que de tão grandes parecem mar, porque ela tem povos de sabedoria milenar que ainda vivem integrados com a natureza, sua mente também imagina esse cenário. Qual é a sensação que te dá?

A mensagem principal é a mesma: precisamos proteger a floresta. A maneira de colocar essa mensagem para o mundo é que muda. E isso pode fazer uma enorme diferença.

Estamos em 2024, e trago um exemplo desta nova forma de comunicar, e ele vem dos jornalistas extremamente corajosos da Palestina. Se não fossem eles e elas, com seus telefones e mídias sociais, o mundo não ficaria sabendo do genocídio terrível e da limpeza étnica de todo um povo na Faixa de Gaza. Eles informam, mas também tocam o coração de milhões, ao contar, com lágrimas nos olhos, que suas famílias conseguiram migrar para o Egito, mas que eles fizeram a dificílima escolha de ficar – correndo o risco de morrerem assassinados todos os dias – para expor ao mundo o que se passa naquele território. Ao fazerem isso, ao mesmo tempo em que comunicam o problema, ensinam sobre sua paixão pela profissão e compromisso com a justiça, e expõem seu amor por Gaza, suas dores profundas e desespero. Uma maneira totalmente diferente de comunicar, oposta às lições recebidas na faculdade. Em muitos casos, jornalismo imparcial e neutro NÃO DEVE nem existir. Somos humanos e a humanidade exposta dos admiráveis jornalistas ativistas de Gaza certamente tem ajudado a chamar muito mais atenção para o que está acontecendo na Palestina.

Bom, mais *insights*:

Changemakers que abraçam o ativismo com visão de ações estratégicas enxergam a realidade de forma muito clara e antecipam os problemas que podem aparecer pelo caminho, o que faz com que se mantenham em constante estado de alerta em relação à próxima bomba que terão que enfrentar.

Ativismo de ações diretas exige dos *changemakers* muito cuidado e uma vida paralela em que possam se reenergizar, desestressar, se desligar dos problemas, dos Everests diários a serem escalados. Pessoas que atuam nesse campo do ativismo são obrigadas a desenvolver um tal nível de resiliência que, muitas vezes, pode afetar a saúde, os relacionamentos, o equilíbrio emocional e a sua própria atuação profissional.

Para terminar, ações ativistas nem sempre são bem-sucedidas. Ou seja, às vezes, muita energia é dada para pouco ou nenhum resultado. E isso pode ser bem difícil do ponto de vista físico e emocional para o próprio ativista.

Agir para conter injustiças pode significar perder a batalha, mas pelo menos vamos dormir com a consciência tranquila de termos feito o nosso melhor. E aí usaremos nossas energias para pensar e encontrar outras alternativas de ação. Quando trabalhei com a Amazon Watch para impedir a construção da usina Belo Monte, eu conheci um procurador federal do Ministério Público do Pará, o Felício Pontes. Ele fez tudo o que pôde, em termos de ações civis públicas, para impedir, pela lei, que essa usina saísse do papel.

Éramos muitos trabalhando juntos para que esse desastre socioambiental não acontecesse: além da organização para a qual eu trabalhava e também o Felício, tinha o Movimento Xingu Vivo Para Sempre, o Instituto Socioambiental, artistas, outros jornalistas ambientais, engenheiros, cientistas. Todos juntos atuando, mas não deu. Com provas em mãos dessa insanidade, o governo brasileiro da época foi em frente. E chamei o Felício para dar uma palestra na primeira edição do TEDxVer-o-Peso. Ele finalizou com uma frase de Darcy Ribeiro que eu amo:

> Fracassei em tudo o que tentei na vida.
> Tentei alfabetizar as crianças brasileiras, não consegui.
> Tentei salvar os índios, não consegui.
> Tentei fazer uma universidade séria e fracassei.
> Tentei fazer o Brasil desenvolver-se autonomamente e fracassei.
> Mas meus fracassos são minhas vitórias.
> Eu detestaria estar no lugar daqueles que me venceram.
>
> Darcy Ribeiro

Mil vezes perder a briga e ver Belo Monte de pé do que ser qualquer uma das pessoas que deram seu melhor para esse desastre ambiental e social acontecer.

E é isso: ativismo estratégico e de ações diretas é necessário, protestos devem acontecer, gente botando a boca no trombone, denúncias, campanhas, petições e tudo o mais também, mas recomendo uma urgente revisão de linguagem que de fato faça com que a bolha seja furada e mais pessoas se sintam inspiradas a agir, e não o contrário. Recomendo também que essa forma de fazer ativismo tenha no Ativismo Delicado um grande aliado. São duas faces da mesma moeda.

E, faça-me um favor, CELEBRE cada vitória. Caso não consiga vencer a batalha, como foi nosso caso com a questão de Belo Monte, fique muito feliz em ser quem você é. Pelo menos você deu o seu melhor e fez alguma coisa. Afinal, você é *changemaker*.

FUREMOS AS BOLHAS

Logo que mudei de Belém para o Rio de Janeiro, como eu não conseguia mais ser ativista, nem jornalista ambiental, decidi pesquisar novos caminhos pelos quais eu pudesse continuar sendo uma *changemaker*.

Eu estava na Rio+20 e um dos meus principais objetivos era conseguir bater um papo com o ecoteólogo, filósofo e escritor Leonardo Boff. Toda essa minha jornada de novos estudos e descobertas depois de sair da Amazônia começou com um diálogo com ele, bem rápido, porém super impactante.

Avistei ele de longe em um carrinho desses de golfe, no meio da multidão. Peguei meu bloco, minha caneta, comecei a correr ao lado do carrinho.

– Leonardo Boff?

– Sim, querida!

– Posso fazer uma pergunta para o senhor?

– Mas o carrinho está em movimento, você acha que consegue correr aqui do meu lado e falar?

– SIM!

– Então pode me perguntar.

Eu corria tentando olhar para ele, para o bloco e para o chão, pra não cair no meio da rua. Era o meu espírito jornalístico em ação.

– Trabalhei cinco anos na Amazônia e percebi que as minhas reportagens nunca mudaram muita coisa na realidade de destruição da floresta, a informação não toca o coração das pessoas, muita gente parece que não está nem aí pra Amazônia e fico me perguntando se eu deveria deixar de trabalhar com foco nos adultos e começar a trabalhar para tocar o coração das crianças.

Falei isso com esperança que ele me dissesse "claro, vá trabalhar com crianças", porque aí, sim, eu tiraria de uma vez os adultos do meu caminho. Estava cansada de gente, queria que um meteoro caísse logo por aqui e tal.

– Minha querida... – disse, calmamente, desta vez olhando para mim suando, correndo ao lado dele – todo adulto tem uma criança dentro de si. Toque o coração dessa criança.

Minha esperança de fuga acabou ali. As palavras de Leonardo Boff me tocaram profundamente. Lancei um "*ok*... muito obrigada!" e parei de correr atrás do carrinho. Fiquei parada no meio do caminho, suando e ofegante, sentindo a verdade do que ele tinha acabado de dizer. Saiu de mim aquele suspiro lento e um olhar para o céu. Sim, realmente eu, Karina, precisava me reconciliar com a humanidade. Aquela resposta que ele deu era para o meu caso e puxou um fio sem fim de dentro de mim.

Qual é o melhor lado da criança que te habita? Como é a sua criança? Ela é livre, espontânea, inocente, sente alegria, quer atenção, amor, carinho e respeito, quer ser ouvida, vista, reconhecida, valorizada. Portanto, *changemakers* devem transmitir mensagens levando em conta todos esses pontos da criança interior dos adultos. E isso pode ser conseguido com mensagens propositivas e sem julgamento. Com educação, criatividade e criação de empatia entre as pessoas e o problema que deve ser resolvido.

Nessa mesma época, conheci um trabalho muito legal chamado CNV – Comunicação Não Violenta, um processo iniciado por Marshall Rosenberg que estimula novas maneiras de nos expressarmos e de ouvirmos uns aos outros para que as relações se tornem mais pacíficas através da comunicação empática. A CNV enfatiza a expressão honesta de sentimentos e necessidades, assim como a escuta atenta das outras pessoas, com o objetivo de promover a compreensão mútua e a cooperação.

A CNV parte do princípio de que não importam nossas diferenças: se somos brancos, pretos, amarelos ou vermelhos, xamânicos, umbandistas ou católicos. Se fizemos só o colégio, se temos faculdade ou mestrado. Se somos do Oriente ou do Ocidente, se votamos nessa ou naquela pessoa, se temos visões de mundo opostas. Todo ser humano tem as mesmas necessidades em relação a valores: apreciamos e precisamos de respeito, amizade, prosperidade, apoio, proteção, liberdade, fraternidade, carinho... e a lista continua. E o caminho para se comunicar com quem pensa diferente é criar pontes entre as necessidades dos lados envolvidos. Uma boa reflexão para *changemakers*.

UMA VISÃO AMOROSA DA REALIDADE

Tem gente que nunca conectou os pontos entre as emissões de gases de efeito estufa de seus voos e o aquecimento global. Tem gente branca que nunca se deu conta de que usar expressões como "a coisa tá preta" é fruto de um pensamento estrutural racista. Assim como tem quem nunca tenha compreendido que o consumo de carne vermelha, por mais culturalmente aceito que seja, infelizmente é a principal causa do desmatamento da Amazônia.

Changemakers: tem gente que não está nem aí mesmo e não está a fim de sair da zona de conforto para beneficiar aos outros e ao planeta. Esses, deixa para lá. Tem quem não esteja nem aí, mas gostaria de mudar. Tem muita gente que não sabe nem por onde começar. Nesses, vale a pena investir. Seja na mesa do bar, na escola, na sua ONG.

Aos tomadores de decisões, para quem quiser e tiver energia para isso, pressão. Devemos, sim, apontar o que é errado e injusto. Gandhi não se fechou para o diálogo com os ingleses enquanto negociava a independência da Índia. Ele falava palavras justas, corajosas e certeiras. Martin Luther King não se poupou de falar às multidões as verdades que muitos precisavam ouvir. Portanto, não devemos nos calar diante do que é errado e é nossa obrigação vigiar de perto as ações dos políticos que elegemos, dos empresários e empresas que fabricam o que consumimos.

No entanto, às pessoas que possam se juntar a nós e que têm a mínima abertura necessária a isso, a essas nós devemos educar: com informação, dando nosso próprio exemplo, ensinando o caminho, utilizando os melhores meios e ferramentas que possuímos. Quanto mais educarmos e inspirarmos essas pessoas dispostas a rever seu modo de pensar e de viver, quanto mais empáticos formos, mais as traremos para o nosso barco.

Todos podemos criar alternativas para compartilhar com as pessoas a nossa mensagem e convidá-las a abraçar a nossa causa. Em 2014, eu fundei um movimento chamado Reconexão Amazônia. No início, tinha grandes, enormes sonhos para ele, queria que o mundo inteiro amasse a floresta em um ano, mas é claro que não deu certo. Então fui pelos caminhos que consegui: escrevi muitos textos para um *blog* que eu tinha no *site* Conexão Planeta, conversei muito com celebridades, procurei influenciar a Avaaz a trazer uma mensagem amorosa para o protesto global pelo clima que ajudei a organizar no Rio de Janeiro em 2013, com pessoas usando adesivos e levantando bandeiras de coração pela marcha, mesmo embaixo de chuva. Levei pessoas para a Amazônia para a prática da Ecologia Profunda, com exercícios de contemplação da natureza e muito autoconhecimento através do contato com a floresta. O mundo inteiro ama a Amazônia depois disso? Não. Mas já me sinto muito grata por todas as pessoas que passaram a olhar para a floresta com mais carinho depois que resolvi mudar minha maneira de trabalhar por ela.

Acreditem: uma coisa leva a outra. Sabe aquele tesão que você sente por algum tema? Ou aquela indignação? Pois é, fazer alguma coisa a respeito pode te levar a caminhos inimagináveis. Dê o primeiro passo, a gente nunca sabe onde esse passo vai dar. Um dia, descendo uma trilha depois de ver o sol nascer na Pedra Bonita, no Rio de Janeiro, me peguei conversando com a Fê, foi naquele dia que a conheci. Eu só tinha uma ideia na cabeça: passar a levar as pessoas para a floresta para que experienciassem a Amazônia de uma outra maneira, mais amorosa. Bem diferente das minhas centenas de reportagens investigativas do passado. E ela perguntou algo a uma grande amiga, a Isabella Cunha, que na época tinha uma empresa de experiências transformadoras. Eu nem estava prestando atenção na conversa quando a Bella disse para a Fe que eu trabalhava com a Amazônia e que as vivências que eu fazia na natureza eram uma das experiências que a empresa dela oferecia às pessoas. E a Fe me perguntou se eu levava pessoas para a floresta. Respondi que sim, que isso definitivamente iria acontecer, e contei um pouco da minha vivência na Amazônia.

Alguns dias depois, recebi um telefonema. Era a secretária do empresário da área de arte e comunicação, o Luiz Calainho. A Fe falou de mim para ele e ele quis conhecer meu trabalho. Marcamos uma conversa e ele enviou um motorista até a minha casa para me buscar e me levar até onde ele morava. Eu me sentia sendo conduzida a uma grande aventura, a outra surpresa da vida, dessas que, quando o convite bate à porta (neste caso, literalmente), eu só posso fazer SIM.

Gente boa demais, Calainho me pede para contar a minha história com a Amazônia. Falo em detalhes, do sonho realizado ao *burnout*. E eu digo honestamente que ainda não havia levado ninguém para a floresta para experienciá-la junto comigo dentro do formato de vivências da Ecologia Profunda, ao que ele sorriu e me disse:

— AH! Então quer dizer que você ainda não começou a levar ninguém para a Amazônia, para essas vivências de autoconhecimento na floresta? – perguntou com um sorrisão.

— Isso aí, ainda não, mas quero levar – respondi, animada e sem ter a menor ideia de onde ele queria chegar.

— E você tem 12 anos de ativismo pela Amazônia? – sorrisão lá.

— Aham! – rindo.

— Morou lá 5 anos e sempre buscou um caminho espiritual? – sorriso ainda.

— Exatamente isso! – sorrisão.

— Vão me chamar de louco, mas eu quero ser essa primeira pessoa a ir para a Amazônia com você!

Gargalhamos juntos e mandamos um... "vambora!"

Nunca tínhamos nos visto na vida. Lembro até hoje da paisagem da janela do apartamento, para a Floresta da Tijuca, com pássaros voando no céu em um pôr do sol colorido. Negócio fechado! Depois de poucas semanas, embarcamos juntos para a maior floresta tropical do mundo. Foram 15 dias ali, com vivências intensas que incluíram meditação diária, desenhos, saídas de barco com paradas para mergulhos no meio do rio, motor do barco desligado no meio da noite com a gente flutuando sobre o rio Negro, deixando a corrente das águas nos levarem, canções xamânicas à luz do dia e sob as estrelas, muita conversa, leitura de profecias indígenas, além de visita a comunidades e tudo o mais que se faz quando vamos para a floresta.

Saímos os dois profundamente transformados daquela experiência. Ele, por mergulhar muito em si mesmo nos braços da floresta, tendo os pássaros, a lua, as árvores, os rios como guias de sua jornada. E eu, por perceber o quão preparada eu estava para oferecer aquilo tudo depois de uma boa jornada de estudos para ressignificar a minha maneira de trabalhar pela Amazônia.

Ao chegar em casa, na volta ao Rio de Janeiro, uma jornalista de uma revista famosa me procurou para falarmos sobre a viagem, aí eu percebi que teria que ter um *site*, um nome... e o Reconexão Amazônia nasceu assim. Desde então, todas as minhas palestras, aulas e textos sobre a floresta procuram unir educação à inspiração para que mais pessoas passem a se importar. Foi a palestra sobre esse projeto que me deu a possibilidade de estudar o mestrado mais perfeito possível para mim e que, hoje vejo, me preparou para que eu escrevesse esse livro para você.

O SEGREDO É TOCAR O CORAÇÃO

Uma das minhas maiores frustrações na vida foi ter me tornado jornalista achando que minhas reportagens cheias de informações, números, gráficos, dados e entrevistas iriam mudar significativamente a realidade. Eu fui inocente ao acreditar que a informação, pura e simplesmente, faria muita diferença. Não fez, não faz e não fará.

De acordo com Carl Jung, seres humanos experienciam a vida através de emoções, sensações, intuição e pensamento. Quem é mais desenvolvido no "pensamento", é menos em "emoções", quem é mais em "intuição", é menos em "sensação" e vice-versa. Ele dizia que, se quisermos nos expandir, devemos nos empenhar em desenvolver bem essas quatro esferas.

A educação que recebemos na escola é cartesiana, muito focada só no pensamento, na lógica, na razão. O mundo, depois da revolução científica, ficou chato demais – amassaram-no todinho para caber na caixinha do pensamento. Muito reducionista. "Penso, logo existo", famosa frase de René Descartes, está viva até hoje e é uma prova do quanto nossa sociedade hipervaloriza o pensamento como condição para a existência e a significância. Só que o gênio estava errado. Jung foi mais sábio.

A influência toda que recebemos de filósofos e cientistas (falo deles mais adiante) nos levou ao extremo de uma sociedade que tenta compreender a vida exageradamente pelo "pensamento". Fomos educados para supervalorizar a informação, com seus dados quantitativos e "provas" de tudo. Acontece que a informação por si só não torna nosso mundo melhor. Para motivar mudanças reais, também precisamos desenvolver e nos conectar com nossas emoções, sensações e intuição.

Tiraram de nós o direito de nos reconectarmos com outras partes de nós mesmos e nos influenciaram a esquecermos algo muito fundamental, que é uma verdade básica que todo indígena já nasce sabendo: estamos todos interconectados. E quando digo todos, me refiro a seres humanos e não humanos.

Pela teoria da complexidade, a borboleta que bate asas no Brasil pode provocar um *tsunami* no Japão – sentido figurado, mas com importante lição de que cada movimento que fazemos, cada crença que temos, cada sentimento e atitude influenciam todo o resto, tudo ao nosso redor e em proporções inimagináveis.

Me diz uma coisa: as pessoas que mais marcaram sua vida são aquelas que jogaram sobre você um monte de informação que não te tocou o coração de forma alguma, não te emocionou, não provocou suspiros e te arrancou lágrimas? Ou foram aquelas que transmitiram informações que te emocionaram de alguma maneira? Que se conectaram com você, com quem você é de alguma maneira? As lições mais legais que você aprendeu na escola, as atividades mais legais das quais você se lembra são aquelas nas quais você estava sobre uma pilha de livros estudando sem curtir muito nenhum tema ou aquelas nas quais, sobre a pilha de livros, você se empolgava com o que aprendia? Aposto que você se lembra daquela excursão da escola para um sítio no final de semana, mas se esqueceu completamente do conteúdo das lições que teve que fazer nesse sítio aí, caso elas só tenham acrescentado mais informação ao seu cérebro. Por que será?

Porque nós não compreendemos o mundo apenas pelo pensamento. Sinto muito aos caras que são considerados os grandes gênios da história, mas eles, de tão desenvolvidos no pensamento, se esqueceram de que a vida é mais do que apenas pensar, concluir, usar a lógica para explicar tudo. Nem tudo pode ser explicado, visto, medido, calculado, quantificado. A ponte entre a compreensão profunda e o pensamento se chama SENTIR. E sentir é fundamental para que as pessoas se importem. Para que façam a diferença e topem sair de suas zonas de conforto.

Zona de conforto é vício. Assim como vício em chocolate, macarronada, cerveja, cigarro, bebida. Zona de conforto é a famosa "merda quentinha", como diz a Paula. Não leva as pessoas a lugar algum. Só que, como se trata de um vício, para sair dela é necessário um certo empenho e muita força de vontade. Quantas pessoas sabem dos malefícios do cigarro e mesmo assim continuam fumando? Quantas sabem que fazem coisas que não são boas para si mesmas e continuam fazendo? Quantas continuam comprando coisas das quais não precisam? Quantas ainda preferem pegar um avião para uma reunião que poderia acontecer facilmente *online*? Muitas. Muitas pessoas.

Se informação por si só fosse suficiente para mudar o estado das coisas, o comportamento das pessoas, a política, a economia, já estaríamos todos muito bem resolvidos, obrigada. Não haveria nem COP 3, quanto mais COP 21, 22, 23, 24, 25, 26, 27, 28... Só para lembrar, me refiro à grande conferência anual do clima, na qual nações inteiras se unem por dias para firmarem acordos que contenham a emissão de gases de efeito estufa e, consequentemente, colaborem menos com o aquecimento global e as mudanças climáticas. Adianta alguma coisa? Para que tanta COP se continuamos não apenas emitindo gases de efeito estufa, como essa emissão, relativamente, até aumentado?

Sabendo que consumismo desenfreado, em um planeta com recursos naturais limitados, é prejudicial à natureza e que pessoas oprimidas e desprivilegiadas trabalham para servir aos interesses de empresas capitalistas sem responsabilidade socioambiental nenhuma, muitas vezes com salários baixíssimos e em condições análogas à escravidão, por que será que ainda existe tanta gente com vício em consumir? Eu poderia citar, aqui, inúmeros e infindáveis exemplos de atitudes incoerentes mediante a quantidade de informações já produzidas a respeito de como deveríamos nos comportar para evitar a sexta extinção em massa da história da vida na Terra – já em curso – e que coloca em risco a existência da raça humana aqui no planeta.

Os exemplos são inúmeros, mas não preciso citá-los, porque meu ponto é simples, bem simples: sem que as multidões se sintam tocadas, em suas emoções e sentimentos, em relação à informação recebida, essa informação não terá valido de nada além de colaborar com a capacidade cognitiva do cérebro humano. Mudança mesmo, só acontece quando acionamos o outro lado do cérebro, o coração, o estômago. Quando provocamos emoções, lágrimas, frio na barriga, quando abrimos espaço para a manifestação da empatia, mesmo que seja com a leitura de um texto qualquer.

Estou falando aqui de uma urgente e necessária mudança de paradigmas, em que a maneira de comunicar através de mídias sociais, campanhas de ativismo, *sites, blogs,* vídeos, relatórios científicos, reportagens, livros escolares, deve ser bem diferente do que temos hoje. Ela deve, sim, conter informação, mas de tal maneira que desperte sentimentos e emoções.

Essa sacada é essencial a *changemakers* que queiram furar a bolha e provocar mudanças efetivas na sociedade.

ECOLOGIA PROFUNDA E ÉTICA PLANETÁRIA

Crazy Horse, indígena lakota considerado um dos melhores e mais sábios guerreiros entre todos os povos nativos norte-americanos, teria dito a seguinte frase: *"The old ways will come back, my friend"*, ou seja, "Os velhos tempos voltarão, meu amigo". É tempo de reconectar.

Eu estava em busca de respostas sobre uma nova maneira de trabalhar. De escrever textos, fazer ativismo. Sabia que teria que seguir, mas não via por onde. Desde que descobri naquele ritual xamânico que eu teria que ser jornalista ambiental até o *burnout*, passaram-se seis anos. Eu sabia que teria que continuar a trabalhar pelo nosso planeta, mas não tinha ideia de como.

Um pouco antes de me mudar para o Rio de Janeiro, comecei a fuçar nas mídias sociais, quando me deparei com um *post* de uma garota que tinha conhecido havia pouquíssimo tempo e que depois se tornou minha chegada. Ele mostrava informações sobre o Gaia Education. O currículo era incrível, oferecia caminhos outros, muito diferentes, de abordarmos o tema da sustentabilidade. Incluía Comunicação Não Violenta, permacultura, liderança circular, simplicidade voluntária, muitas outras coisas e... ECOLOGIA PROFUNDA. Quando li esse termo, ele parecia até aumentado: era o universo dando aquele brilho especial nas letrinhas para chamar minha atenção. Parecia que eu estava vendo um letreiro luminoso. E eu soube ali que simplesmente teria que fazer aquele curso.

Éramos cerca de cinquenta pessoas, de várias idades, interessadas em conhecer essas novas abordagens, tão singulares. Estudávamos sobre liderança na teoria e depois caminhávamos em silêncio pela floresta, observando a natureza. Tínhamos uma aula sobre ecovilas e sentávamos em duplas para compartilharmos nossos sonhos sobre um novo mundo. Falávamos sobre igualdade de gênero e depois ficávamos em pé para que, de maneira circular, nossos olhos se encontrassem em silêncio. Estudávamos fatos históricos de nossa humanidade e, em seguida, éramos levados a olhar para toda a nossa ancestralidade, caminhando para trás de olhos vendados, sentindo a presença daqueles que nos precederam e de todos os presentes – talentos, sabedorias, ferramentas – que poderiam nos ofertar para que, no tempo de agora, pudéssemos trabalhar pela construção de uma nova Terra e uma nova humanidade.

E ao final daqueles dias, de todas as aulas, ritualizávamos o encerramento com uma prática do povo nativo norte-americano que se chama "bastão da fala", onde uma pessoa vai ao centro da roda, pega o bastão, fala algo muito seu, de seu coração, e no final da fala dispara um... "meu nome é ... e assim eu falei, *hey*!", no que o resto da turma respondia em coro "*aho*!" ou "*ho*!". Naqueles cinco meses, tudo foi feito de forma a honrar cada participante, cada educador, cada momento e expressão.

Eu costumo dizer que é uma Karina antes e uma Karina depois do Gaia Education. Ali, fiz amigos que com certeza já são para a vida inteira. Chorei tanto, sorri tanto, abracei e fui tão abraçada que saí de lá certamente com novas perspectivas sobre mim mesma, a vida, o mundo e meu papel por aqui.

Eu não sabia, mas praticamente todas aquelas vivências que fizemos nasceram inspiradas pela Ecologia Profunda, filosofia e movimento ambiental cujo termo foi cunhado na década de 1970 por um velhinho muito incrível chamado Arne Naess, professor emérito da Universidade de Oslo, na Noruega.

Os escritos de Naess + práticas budistas e xamânicas + teoria da complexidade foram insumo e inspiração suficientes para que a Joanna Macy liderasse a cocriação de vivências absolutamente incríveis, empacotasse tudo como *creative commons* e desse vida ao The Work That Reconnects – em português, Trabalho Que Reconecta (quero especialmente ressaltar aqui a extrema importância de tradições indígenas na formulação desta metodologia). As vivências aplicadas em aula, para mim, foram o bálsamo, a medicina fundamental que meu espírito mais precisava naquele momento após meus cinco anos de Amazônia.

Ecologia Profunda + The Work That Reconnects me ajudaram a compreender caminhos para apoiar pessoas a sentirem com a Terra o mesmo nível de conexão que eu sentia. Me mostraram a importância da empatia, do diálogo, da pacificidade, da esperança ativa que acolhe dor, acolhe raiva, vazio e tristeza. A união dessas duas coisas devolveu a mim a esperança, a minha fé na humanidade (que eu havia perdido) e lançou luz sobre todas as minhas perguntas até então sem muitas respostas a respeito de como fazer novos, propositivos e inspiradores jornalismo e ativismo.

E o que é a Ecologia Profunda, afinal?

Eu gostaria de começar dizendo, conforme meu sentir e experiência, que "é ter a incrível capacidade de voltar a sentir aquilo que sempre foi, é e sempre será". Você perceberá por que eu falo isso. Vou compartilhar o que aprendi em escolas de saberes finíssimos, inspiradas pela Ecologia Profunda.

Acrescento à explicação sobre essas práticas a minha visão e o meu próprio pensamento nas linhas que se seguem. Novas lentes. *Shift* de consciência. Nova maneira de me colocar e me sentir no mundo. Empoderamento e sensibilidade aguçados. Fé na humanidade recuperada. Eu não sou louca. Existe um nome para isso que sinto em relação à natureza.

Não sabia como colocar em palavras o que eu já sabia no fundo da alma e agora sigo um caminho e uma inspiração que permeiam tudo o que materializo na minha vida profissional: livro, cursos, reportagens, palestras, aulas, workshops. Tudo mudou. Tudo se revolucionou em mim. Que a Ecologia Profunda e seus desdobramentos te alimentem, inspirem e iluminem, como me alimentam, inspiram e iluminam.

Tudo começou quando Arne Naess era ainda um menino – lembra quando te expliquei sobre o imenso poder da experiência profunda? Arne teve a dele enquanto caminhava junto à sua mãe. Ele olhou para uma linda montanha cheia de neve e de repente sentiu como se a montanha estivesse olhando para ele também. Por alguns instantes, o mundo parou. Ele permaneceu conectado com aquela sensação. E disse à mãe: – "Um dia eu vou ter uma casa lá", apontando o dedo para o topo da senhora Montanha.

Quando adulto, Arne de fato construiu a casinha que sonhara quando criança e,- naquele lugar tão silencioso, tão isolado, tão alto e tão afastado, ele leu todos os livros que podia e mergulhou nos estudos de pensadores como Baruch Spinoza, Henry David Thoreau e Mahatma Gandhi. Foi lá que, inspirado por tantos aprendizados e autores, ele começou a escrever sobre essa filosofia que ganhou esse nome tão bonito.

> *A Ecologia Profunda inspira novas narrativas, novas visões de mundo. É disruptiva, fora da caixinha, provocadora. É ética, revolucionária, amorosa, sábia e altamente necessária para este mundo em transição.*

A Ecologia Profunda não é ecologia, apenas – a esta, Arne chamou de "ecologia rasa", ou *"shallow ecology"*. De forma alguma esse nome é para depreciar a ciência. O que ele quis dizer com essa diferenciação é (resumindo, *ok?*): a ecologia que aprendemos na escola está focada em conhecer espécies, em compreender suas interações e as consequências dessas interações, bem como seu benefício para uso humano.

Por outro lado, a Ecologia Profunda não se importa em nomear espécies, em catalogar nada. Não cabe a ela o papel de "ciência", mas sim o de "filosofia" que tem princípios éticos e que faz perguntas, muitas perguntas. A Ecologia Profunda nos convida a reflexões sobre o nosso mundo, e é por isso mesmo que digo que ela pode ser uma ferramenta e tanto para *changemakers* de todas as possíveis áreas.

Se já existe tanta informação sobre o caos planetário climático em que estaremos metidos se a Amazônia acabar, por que então a floresta continua sendo destruída? A resposta mais óbvia está na própria informação. E seria: "porque as atuais políticas de combate ao desmatamento são ineficazes, porque acham que a Amazônia nunca vai acabar, porque existem muitos grileiros ocupando ilegalmente terra pública, porque existem pecuaristas querendo mais espaço para criação de gado, porque o mundo inteiro compra madeira derrubada ilegalmente na floresta, porque existe muito interesse em ouro e minérios, porque os órgãos de fiscalização foram desmantelados, porque derrubar a floresta é visto como mais lucrativo do que mantê-la de pé" e por aí poderíamos ir para pelo menos mais uns 30 itens.

Agora, eu vou te responder essa mesma pergunta segundo o viés da Ecologia Profunda. Novamente:

> *Se já existe tanta informação sobre o caos planetário climático em que estaremos metidos se a Amazônia acabar, por que então a floresta continua sendo destruída?*

Porque informação não é suficiente para chegar ao coração. Somente um coração aberto, disposto à conexão, ao respeito e ao afeto em relação a outras espécies é que verá que derrubar uma árvore é tão antiético com a vida na Terra quanto matar uma pessoa. Porque a árvore não é menos importante do que o ser humano. Desmatam porque ainda não compreenderam com seu ser, de dentro para fora, o que realmente, realmente, realmente aguarda a humanidade e as futuras gerações caso essa floresta desapareça. Não conseguem sentir o que significa viver em um planeta ultra-aquecido nem entender que isso pode implicar em tantos desastres e mortes a todas as espécies que habitam a Terra. Essas pessoas e governos que se empenham em destruir a Amazônia não têm princípios morais fortes o suficiente para compreenderem o quanto estão equivocados. Porque o povo brasileiro é ensinado há gerações a desprezar a Amazônia, o que aumenta o distanciamento emocional, quando sabemos que apenas protegemos aquilo que amamos, porque de forma geral a humanidade se tornou antropocêntrica, colocando o ser humano no centro da teia da vida, quando na verdade ele é apenas parte dela.

Compreende a diferença? Outra linguagem, outra visão e perspectiva – muito mais profunda, nada rasa.

A Ecologia Profunda une com muita destreza razão, intuição, sabedoria, sentimento, afeto. E mesmo a razão é imbuída de ética. Quer um exemplo? Um dos princípios dessa filosofia afirma que a população mundial deve ter seu crescimento reduzido porque, se continuarmos a nos reproduzir como temos feito atualmente, não haverá natureza que dê conta de tanta gente. E isso é um fato. Pessoas são consumidoras. Nascemos consumindo e morreremos consumindo. Não devemos seguir tirando da Terra a uma velocidade maior do que a que ela precisa para repor aquilo que dela tiramos. Senão vai faltar. Óbvio, lógico e também ético refletirmos sobre isso, não?

Muitos seguem engessados nos velhos sistemas de como fazer as coisas. Acabam entrando em um certo *modus operandi* que valoriza dados, informações, fatos, mas se esquecem de abordar publicamente a ética. Falam das causas e consequências, mas se esquecem de observar atentamente o que há entre uma ponta e outra. Quantos tons de verde existem entre o que provoca um problema e os estragos que ele acarreta? Vejo, em muitos casos, uma visão limitada por falta de exercício dentro de uma nova forma de enxergar.

Lembro de um caso que me chamou atenção. Duas organizações decidiram promover uma canoada pelo rio Xingu, no Pará, com a bela intenção de levar pessoas para conhecerem a Amazônia, para verem de perto o que a usina hidrelétrica Belo Monte prejudicaria, para aprenderem muito, ao longo do trajeto, sobre o povo ribeirinho. Até aí, super *ok*. O problema foi o nome que deram à canoada. O nome que deram à jornada foi "*Bye bye*, Xingu" – Adeus, Xingu. Oi?

A expedição era motivada por ótimas intenções, e tinha todo o potencial para atrair participantes que se tornassem porta-vozes da floresta e defensores dos povos tradicionais. Poderia ter, também, intenção de chamar a atenção da imprensa, pois não é para qualquer um organizar uma viagem dessas. Tem que ter muita infraestrutura, dinheiro, conexões.

No entanto, esse nome passava a mensagem exatamente oposta à intenção da expedição – que era, no fim das contas, em favor da proteção daquele ecossistema e de toda forma de vida que o rio Xingu habita. A intenção era chamar atenção para a proteção do rio.

Só que, ao ler esse nome, o que vem à cabeça é justamente o não, a morte, a tragédia anunciada, a dor. É assim que convidamos alguém para jantar em nossa casa? "Oi, fulano, te convido para a minha casa, tem uma plaquinha na porta chamada 'esta casa linda será destruída' e a gente quer agora que você pense em perda, em tragédia, em dor e mesmo assim, queremos que você venha e diga para todo mundo que a minha casa é linda, que você se sente bem nela e que ela precisa continuar de pé, tá?"

Em termos práticos, e conforme meu entendimento e sentir, uma maneira de fazer comunicação inspirada na Ecologia Profunda proporia outro tipo de nome que tocasse o coração de um jeito diferente: quem sabe algo mais real e que representasse o melhor do Xingu? Afinal, é preciso criar maneiras de provocar conexão emocional e afetiva com a vida, para que os seres humanos despertem cada dia mais para suas responsabilidades em relação a si mesmos e ao planeta. O nome, então, não incentivaria as pessoas a dizer "*bye bye*, Xingu". Seria mais propositivo e menos derrotista. Poderia ser, por exemplo, "Salve, Xingu!" Exemplo de nome que reverencia a vida e que dá oi, ao invés de adeus, a um dos principais rios da região amazônica, por pior que seja a realidade da hidrelétrica que o barrou.

A Ecologia Profunda é provocativa no sentido de nos estimular a desenvolvermos novas visões de mundo. Eu, que vim de uma escola tradicional de jornalismo, tanto na faculdade quanto na "escola da vida", dentro de redações – além de revistas da Editora Abril, também passei por outros lugares, como a revista *Trip* e o jornal *Folha de S.Paulo* – aprendi a fazer o jornalismo que segue uma fórmula, visto em um tanto de outros lugares. Coloque nos primeiros parágrafos informações que respondam ao famoso *lead* ou lide: o quê (a ação), quem (o agente), quando (o tempo), onde (o lugar), como (o modo) e por que (o motivo). E apure os fatos, entreviste mais de uma pessoa, pesquise mais de uma fonte, siga o manual de redação. E nos ensinaram que temos que ser imparciais diante das notícias, mas isso não é possível porque somos humanos. Não nos emocionarmos com o que escrevemos e noticiamos não é possível, porque não somos robôs.

Se o universo do jornalismo e sua maneira de criar, apurar e divulgar notícias fosse inspirado pela Ecologia Profunda, ele seria complementado por outro viés: o da ética. Ética jornalística é falar a verdade, é checar os dados e proteger as pessoas que passam informações e que precisam de proteção, não revelar seus nomes. Se viesse com o viés filosófico, ética também significaria ter mais responsabilidade com o teor das notícias divulgadas. Se influenciada pela Ecologia Profunda, o jornalismo incentivaria as pessoas a reflexões que levassem à autorresponsabilidade, à criação de uma sociedade mais inteligente, empoderada, consciente. Não aceitaria anúncios de empresas que destroem o planeta irresponsavelmente. Não apoiaria políticos e nem daria espaço nas manchetes para pessoas fúteis e sem caráter. Equilibraria muito mais a quantidade de notícias negativas, dando igual espaço para notícias positivas. Se imbuída dos princípios da Ecologia Profunda, cada empresa de mídia compreenderia sua enorme responsabilidade na teia da vida e daria seu melhor para, ao compasso da necessidade de lucro, equilibrar ganhos com impactos positivos à sociedade e ao planeta.

Nas escolas, caso instituições de ensino estivessem imbuídas da visão de mundo da Ecologia Profunda, as aulas seriam muito mais prazerosas. De novo cá venho eu com a Amazônia, mas aproveite esse exemplo para imaginar como seria uma aula de geografia, matemática, música... Eis o exemplo: quando eu era criança, o que aprendi sobre a Amazônia basicamente eram números: de espécies de plantas, de animais, de quilômetros quadrados, de países onde há áreas da floresta, de estados brasileiros por onde a floresta se espalha. Números, números, números. Números, quando não imbuídos de significado, por si só, não têm alma. Quando falamos de Amazônia a retratando e reduzindo a números, vejo o quanto ainda estamos sob a influência de uma visão reducionista e mecanicista.

Vamos lá. Qual parágrafo te toca mais e te dá mais curiosidade a respeito da Amazônia? Imagine que você está tendo aula na escola e que sou sua professora. Entro na sala, abro um livro em cima da mesa onde encontro as informações que quero compartilhar e começo a falar, escrevendo apenas os números numa lousa:

"Olá, turma! A floresta amazônica abrange 6,9 milhões de km^2 e se estende por nove países da América do Sul – o Brasil possui aproximadamente 58,94% da área total (de acordo com o que é chamado de 'Amazônia Legal'), enquanto o Peru, Colômbia, Bolívia, Equador, Venezuela, Guiana, Guiana Francesa e Suriname, juntos, têm 17%. A Amazônia brasileira possui 2.500 espécies de árvores. A bacia hidrográfica é a maior do mundo, com 6 milhões de km^2 e um terço da água doce total do planeta. Além disso, no Brasil, a floresta abriga 24 milhões de pessoas, incluindo 342 mil indígenas e inúmeras comunidades ribeirinhas".

Ok.

Agora, mesma aula, mas com um toque de Ecologia Profunda:

"Olá, turma, por favor, gostaria de pedir que todos fiquem em silêncio por um instante. Nós teremos uma aula sobre a Amazônia, mas antes de falarmos sobre ela, eu gostaria que vocês sentissem a floresta. É, pois é, podemos senti-la mesmo não estando nela. Fechem os olhos, respirem fundo três vezes. (Ligo o som e coloco músicas dos sons da Amazônia). Agora imaginem que vocês estão na floresta. Sentem o calor e a umidade da mata. Olham para cima e enxergam as copas de enormes árvores. Em uma delas, vocês veem um macaco pulando de um galho para o outro. Sigam caminhando... olhem para esse rio bem na sua frente. Ele é tão grande que parece mar. E o sol está se pondo no horizonte... vocês-estão-na-maior-floresta-do-mundo! Respirem fundo mais uma vez e reparem nas sensações que vocês têm ao se conectarem com a Amazônia. Ela lhes diz alguma coisa? Vem algum pensamento na cabeça? Reparem... e agora, quando vocês se sentirem preparados, podem abrir os olhos. (Coloco um *slide* automático com muitas fotos da floresta em um telão e volto a falar.) Somos bem sortudos em termos esta floresta em nosso quintal! 60% da Amazônia está no Brasil e o restante se estende a outros oito países. Para vocês terem uma ideia do tamanho dela, imaginem que estão em um avião que sai de SP em direção a Manaus, no Amazonas, voando a 800 quilômetros por hora, e que vocês olham do lado direito e é só floresta que vocês veem. E aí vocês olham para a esquerda e também é só floresta que vocês veem – durante pelo menos 2 horas e meia seguidas, repito, a 800 quilômetros por hora! Nos orgulhamos tanto em dizer que o nosso país, Brasil, é enorme... mas nunca nos demos conta de que METADE de todo o território brasileiro é ocupado por essa floresta. Somos muito privilegiados! Nela vivem 24 milhões de pessoas, milhares indígenas, muitos nunca antes contactados. Pessoas de uma sabedoria imensa... assim como a floresta!"

Qual aula te interessaria mais assistir? Qual provocaria em você conexão emocional, além de informação? Qual delas despertaria curiosidade em saber mais? Qual delas te motivaria a fazer alguma coisa pela Amazônia, se depois dessa introdução eu falasse que a floresta está morrendo? De onde podem nascer mais *changemakers*? De uma aula só focada no intelecto e na transmissão de informações ou de uma aula que transmite informações e que traz outros elementos para a aula, como sons da Amazônia, vídeos e fotografias?

Dei palestras e aulas sobre a Amazônia com o viés da Ecologia Profunda em Totnes, Inglaterra. Em São Francisco, Estados Unidos. Em Berlim, na Alemanha. Na Gold Coast e em Byron Bay, na Austrália. Em São Paulo, Pará e Rio de Janeiro, no Brasil. Como as pessoas reagiram? Choraram. Me disseram que se lembraram por que estavam estudando ciência ambiental, que na verdade estavam ali para cuidar do planeta e não apenas conseguir um diploma. Perguntaram como poderiam apoiar a proteção da floresta. Disseram que perderam o medo de visitar a Amazônia. Me convidaram para mais aulas e palestras entre pessoas de suas comunidades. Esse estilo de comunicar informou. E tocou-o-coração. Combinação perfeita. Ponto.

Como parte da minha dissertação, ensinei 29 crianças de 9 anos sobre a floresta e apliquei todos os meus recursos para ajudá-las a sentir a Amazônia. Teve som da mata, teve foto, teve brincadeira, teve desenho, teve minhas histórias, teve compartilhar das emoções que sentiram durante a aula. Eles compartilharam palavras como "intrigado", "curiosa", "surpreso porque eu não imaginava que a onça não era tão perigosa quanto eu pensava". Compartilhei com elas um segredo: "a floresta fala com você pelo seu coração". E a professora pediu para que fizessem desenhos expressando esses sentimentos. Chorei ao ver a quantidade de corações nestes desenhos. Elas se abriram para o amor! Um grande salve ao poder de conexão das crianças!

Depoimento da professora que acompanhou a aula:

"Você deu vida à floresta para eles – suas gravações de som foram um toque adorável. O que eu gostei especialmente foi da sua positividade. Muitas vezes, educadores falam sobre a Floresta Amazônica em termos das ameaças – desmatamento e os efeitos da exploração madeireira etc. O futuro parece muito sombrio e as crianças ficam se sentindo um tanto impotentes, embora preocupadas. Sua ênfase estava em como a floresta é maravilhosa; você comunicou a importância da floresta, mas também como precisamos amar nosso planeta. Isso realmente despertou o interesse deles, e suas respostas no papel, e na aula, nesta tarde, refletiram isso. Obrigada novamente por nos visitar. Seu entusiasmo pessoal e calor humano foram contagiantes. Acho que todos nós gostaríamos de ir à Amazônia agora. Você tirou o medo que tínhamos dela e introduziu o desejo de experimentá-la por nós mesmos".

É sobre isso. Agora imaginem que novas abordagens podem surgir dentro de TODAS as disciplinas ensinadas nas escolas, caso elas se permitam mudanças inspiradas pela Ecologia Profunda. Se assim for, talvez um dia chegaremos a ver professores e alunos muito mais empolgados com a jornada que é o aprender e o ensinar. A Ecologia Profunda é uma excelente ferramenta, tanto para escolas que ainda seguem antigos modelos quanto para as mais inovadoras.

No dia a dia, a Ecologia Profunda inspira um enorme senso de responsabilidade que não chega com peso, mas com autenticidade, leveza e maravilhamento. Se você decidir estudá-la e praticá-la será um movimento natural, pois ela faz isso: passa a ser parte de você.

É como se o seu DNA fosse reconfigurado com o acréscimo dessa filosofia em sua vida. Ganhamos novas lentes. Passamos a compreender os problemas e as soluções com muito mais clareza. Enxergamos a realidade com um olhar que não foca somente no que acontece agora – compreendemos o passado, observamos o presente, antecipamos o futuro e agimos a partir de uma enorme sensibilidade.

A partir da Ecologia Profunda, reciclar deixa de ser algo que faz parte da lista de afazeres. Separar o lixo torna-se simplesmente tão óbvio e parte da vida tanto quanto escovar os dentes, porque sabemos que fazemos isso não apenas por nós mesmos, mas em benefício de toda teia da vida, com consciência e alegria, porque sabemos que podemos fazer alguma coisa e assim é.

Quando essa filosofia entra na gente, passear na praia deixa de ser apenas um momento de diversão e relaxamento para também passar a ser uma pausa para reflexão, silêncio, para observar e aprender com a natureza o que quer que ela queira nos ensinar. Se você já se sente assim mesmo sem conhecer a Ecologia Profunda, ótimo! Pode intensificar mais ainda a partir de agora, que você já sabe que ela existe.

Compreendemos, aos poucos, que é muito bom olhar nos olhos das pessoas não apenas porque nos conhecemos ou porque precisamos uns dos outros, mas porque honramos a alma que brilha através de cada olhar. Ecologia Profunda nos aproxima de nós mesmos, das outras pessoas, de outras espécies e do planeta inteiro em um nível diferente do que estamos acostumados.

Quando passei a estudar essa filosofia, a primeira coisa que me veio foi: mas os indígenas já sentem e vivem a Ecologia Profunda há muito tempo! Verdade. É quase como se essa filosofia fosse uma ponte necessária para fazer a mensagem ancestral chegar em quem ainda não entendeu o quanto todos estamos interconectados nesse planeta.

De qualquer forma, quando Arne cunhou esta filosofia, ele deu a ela oito princípios. Vou usar minhas palavras para te ajudar a compreendê-los. Me atrevo, também, a dar nomes alternativos a esses princípios, conforme minhas palavras e entendimento. Aqui, me dou o livre direito de filosofar sobre a filosofia! E, antes de começar, gostaria de trazer uma pequena explicação para ajudar a clarear seu pensamento para os princípios, especialmente o primeiro.

Quero falar sobre a nossa desconexão da natureza.

Existem muitas razões pelas quais fomos levados a nos afastarmos espiritualmente da natureza, e isso tem ligação com a desconexão com o feminino em muitos níveis diferentes. Acredito que a conexão com o feminino, independente de gênero, é uma jornada que começa com uma decisão muito pessoal e interna. Dica: vá atrás disso.

Outro fator que influenciou essa desconexão tem raízes externas que vêm desde os tempos de Revolução Agrícola, há doze mil anos, mas, a meu ver, o problema se agravou de uma vez durante e depois da Revolução Científica, há cerca de cinco séculos, seguida pela Revolução Industrial. A partir desse ponto da história, como humanidade, passamos definitivamente a acreditar que a natureza está fora de nós e a tratá-la como mera provedora de recursos para o bem-estar da humanidade, pois temos "poder sobre" e achamos que somos "superiores" aos outros seres. E, ao objetificar outros seres da natureza, fomos transformados em "recursos humanos". Interessante, não? Tudo a serviço de sistemas de dominação como patriarcado e capitalismo.

Estamos, há gerações, sendo influenciados por pensamentos de filósofos e cientistas renomados como Galileu Galilei, Isaac Newton, René Descartes e Francis Bacon, que disseminaram a visão de que só existe o que pode ser visto, medido, quantificado, calculado. Isso aos poucos desqualificou o sentir, a intuição, a fé e a conexão espiritual com a Terra.

Descartes foi um filósofo, matemático e cientista francês do século XVII, considerado um dos fundadores da filosofia moderna e da geometria analítica. Para ele, a razão era a fonte primária de conhecimento, mas exagerou. Afirmava que corpos são engenhocas mecânicas. Por isso, dissecava cachorros vivos para aprender como a "mecânica" reagia.

Francis Bacon, considerado "o pai da ciência moderna", trabalhou para desenvolver a chamada "metodologia científica" e chegou a afirmar que, ao conhecer como a natureza funciona, "o homem" poderia "dominá-la". De acordo com sua visão, a natureza existe para ser "controlada e sujeita à força e poder humanos". Já o físico e matemático Isaac Newton procurava compreender a vida e explicá-la através de cálculos. O cientista e astrônomo Galileu Galilei também era do grupo dos que só entendiam a existência através dos números.

Se, por um lado, eles contribuíram com o desenvolvimento da ciência e da tecnologia, de outro nos colocaram em rápida velocidade numa rota de colisão com o muro da vida que garante a nossa própria existência por aqui. Um elo muito importante entre pessoas e natureza foi rompido. E a cultura da dominação, separação, exploração, destruição, tomou o lugar do respeito, da conexão, da união, da consciência de nossa interconexão com tudo o que existe. Geração após geração, fomos sendo ensinados a permanecer em um *modus operandi* totalmente programado para servir ao capitalismo, ao patriarcado, ao *business for profit* a qualquer custo.

Caímos em normose, um conceito criado por Pierre Weil na década de 1980 e de que ouvi falar pela primeira vez durante uma aula com Roberto Crema, hoje o principal nome sobre o tema no Brasil. E o que é isso? É uma doença social que nos faz considerar como normais comportamentos ou padrões prejudiciais à saúde física, mental, emocional ou espiritual das pessoas. É quando achamos que é normal o que NÃO É normal, perpetuando ciclos destrutivos.

Poderia dar milhões de exemplos, mas vamos lá: passamos a nos desrespeitar e achar normal. A destruir a natureza de mil maneiras e... normal. Desprezo pelos povos originários, tomar remédios para tudo, crianças pedindo esmola e trabalhando ao assumir responsabilidades impensáveis para suas idades, genocídio e limpeza étnica de povos oprimidos, filas enormes em frente a lojas de marca diante do último lançamento de produtos, pessoas passando fome dormindo pelas ruas, racismo, xenofobia, homofobia, misoginia, machismo, comprar e comer comida com veneno. Normal. Normal também nos referirmos à natureza, seres vivos e sagrados como "recursos naturais" que existem aqui apenas para nos beneficiar, servir, obedecer e morrer por nós. Milhões ou até bilhões de mortes de seres não humanos, todos os dias, por nós. Tudo por nós, em nossos estados de normose. Nós, nós e nós em nossa ganância infinita, como seres birrentos e mimados que só ficam no "eu quero eu quero eu quero me dá me dá me dá". Enquanto isso, transformamos a nós mesmos em "recursos humanos". Normal?

E cá estamos: Amazônia está cada vez mais próxima do ponto de não retorno e poderá nunca mais se tornar o que era. Oceano Pacífico virando lixão de plástico, os mares com águas cada vez mais ácidas e quentes. Espécies do planeta sendo extintas todos os dias, atividades de mineração destruindo territórios sagrados, animais sendo tratados como coisas para consumo, ar cada vez mais poluído, chuvas ácidas, Antártida batendo recordes de alta temperatura (38 graus acima do normal em março de 2022), clima caótico, emissões de gases de efeito estufa aumentando.

Em um planeta doente, a visão macro da realidade reflete a doença de todas as sociedades da Terra, com pessoas se suicidando todos os dias, índices de depressão aumentando, assim como de estresse, síndrome do pânico, sensação de vazio que não é preenchido por nenhum milhão que seja em uma conta bancária. Destruição do que é sagrado leva à separação dentro e fora de nós.

A desconexão com a natureza tem nos causado prejuízos enormes, não apenas do ponto de vista ambiental, mas também mental, emocional e espiritual. Se mais pessoas se lembrarem "daquilo que foi, é e sempre será", despertarão de um sono profundo de séculos. Serão capazes de, a partir de agora, escrever uma nova história onde sejam protagonistas de um belo mundo em construção.

Agora, vamos aos princípios da Ecologia Profunda:

1.

O bem-estar e o florescimento da vida humana e não humana na Terra têm valor em si (sinônimos: valor inerente, valor intrínseco). Esses valores são independentes da utilidade do mundo não humano para propósitos humanos.

Toda vida é sagrada e tem valor intrínseco.

Nenhum ser humano é mais importante do que nenhuma outra forma de vida existente neste planeta. Lembra de quando tive aquele chacoalha da vida no meu primeiro ritual xamânico? Lembra que eu carregava uma cadeira nas costas e que olhei para o chão e vi uma formiga carregando uma folha e que ali, aos prantos, olhei para ela e perguntei "qual é a diferença entre a gente mesmo?" Resposta: nenhuma. Eu sou sagrada, ela também é. Eu tenho direito à vida, ela também tem. Eu sou senciente, ela também é. Eu tenho valor intrínseco por simplesmente ser quem sou neste mundo. Ela também tem. Este princípio é o mais lindo, a meu ver. É o que toca no ponto do ponto do ponto mais perfeito de nossa conexão com a natureza.

Este primeiro princípio da Ecologia Profunda é o que mais toca a minha alma, pois ele traz algo que, para os povos originários, é a verdade mais simples e absoluta: tudo é sagrado, todos somos irmãos (eu, você, a pedra, o sapo, a árvore, as nuvens do céu) e tudo tem direito ao respeito e à vida. Tudo sente, tudo evolui, tudo contribui para o florescimento do amanhã – literal e simbolicamente.

Ele combina muito bem com a Teoria de Gaia. Trazendo uma resposta filosófica ao ceticismo de alguns em relação ao óbvio e inspirada em um papo filosófico que tive com Stephan, imagine só as implicações éticas se todos admitíssemos que a Terra é ser vivo e não uma coisa. Como seria a política, a economia, a educação? Até quando alguns ainda vão negar essa verdade?

Temos que falar para o coração bater? Não. Temos que acionar os nossos anticorpos para que combatam alguma doença em nosso corpo? Não. Temos que avisar o corpo de que precisamos de uma febrezinha para que possamos atacar seres intrusos que podem vir a prejudicar nossa saúde? Hã-hã. Temos que contabilizar a quantidade de piscadas necessárias para que possamos manter nossos olhos lubrificados? *Noooo*. Não. Hã-hã. O que isso quer dizer? Que nosso corpo tem capacidade de autorregulação.

Vamos trazer a Ecologia Profunda para esta conversa? Se eu sou um ser vivo, se tudo o que a minha mãe comeu, cheirou, tocou, bebeu veio do planeta Terra, então meu corpo é uma parte do corpo da Terra. Se tantas linhagens espirituais afirmam que temos alma, será que uma "coisa", um "objeto", uma "máquina" seriam capazes de gerar organismos vivos sencientes e dotados de alma? Um garfo dá vida a um gato ou é outro gato vivo que dá vida a um outro gato? Só dá vida quem tem vida. Nosso lindo planeta Terra, portanto, é vivíssimo, senciente e se autorregula. Quando isso for plenamente aceito, a ética assumirá o seu lugar na vida da humanidade com tamanha força que finalmente voltaremos a nos responsabilizar por nossas existências com mais carinho e consciência e a tomar decisões que respeitem, com amor, a vida de outros seres.

Em alguns países como Nova Zelândia, Bolívia e Colômbia já existem movimentos chamados de Jurisprudência da Terra, uma abordagem legal e filosófica que reconhece a interconexão entre os seres humanos e outras formas de vida. Ela busca desenvolver sistemas jurídicos que reflitam uma compreensão mais ampla e holística do mundo. Uma de suas práticas inclui o reconhecimento legal dos direitos da natureza. E a Jurisprudência da Terra, aos poucos, passa a influenciar a legislação e as políticas ambientais no mundo.

A visão egocêntrica da humanidade que se acha o centro do universo tem que acabar, porque ela nos colocou em sérios apuros. A profilaxia? A cura? É hora de lembrar de lembrar. Enquanto eu estava em uma balsa em Sydney, em um dia nublado, olhava para o mar e me perguntava sobre estas coisas. Veio a resposta: "a Terra será plenamente aceita como organismo vivo quando as pessoas voltarem a se conectar com a natureza e a senti-la no nível espiritual", ouvi. Quanto mais isso acontecer, mais a humanidade irá se lembrar.

Ter de justificar por que devemos preservar as espécies e os ecossistemas em nosso planeta com números e provas de lucro – "a Amazônia vale mais (financeiramente) em pé do que deitada" é um argumento que deve ser complementado com a verdade de sua vida como organismo e ser senciente. Todos os ecossistemas da Terra devem ser preservados porque os seres que os habitam têm direito à vida. Ponto. Valor intrínseco.

Se você concorda com isso e, assim como eu, quer que mais pessoas sintam o mesmo, sigamos trabalhando na confiança de recebermos apoio de nossa Mãe Terra – afinal, como filhos e parte menor de seu corpo maior, herdamos dela suas virtudes. "Vale pensar na reconstrução da vida utilizando a potência das forças restauradoras de Gaia", sabiamente me disse Antonio Nobre.

Levando o primeiro princípio ao universo dos *changemakers*... sua causa é sagrada. Ela tem um propósito de existir e, portanto, deve ser respeitada. Se muito mais pessoas, milhões, bilhões, conseguissem enxergar toda forma de vida como sagrada e com valor intrínseco, com toda certeza haveria bem menos violência neste mundo.

Costumo dizer que *changemakers* são eternos otimistas. Nós acreditamos que um novo mundo é possível. Joanna Macy diz que um dos caminhos para realizarmos o que ela chama de "Grande Virada" é atuarmos em três pilares: mudança de consciência e visão de mundo, reversão dos danos causados à Terra e análises estruturais das causas do problema com a criação de soluções palpáveis. Acredito que o primeiro princípio da Ecologia Profunda está relacionado com esse primeiro pilar proposto por Joanna: é a base, o princípio.

Imagina o quanto o mundo será melhor quando passarmos, cada vez mais, a ver o sagrado em todas as espécies do planeta, incluindo a nossa, humana. Desenvolveríamos mais respeito, empatia, solidariedade, compaixão, amizade, colaboração. Não apenas não faríamos aos outros o que não queremos a nós mesmos e ampliaríamos nosso repertório de amor, como também não infligiríamos a outros seres o que é considerado antiético infligir à espécie humana. Daríamos saltos quânticos de evolução.

2.
A riqueza e a diversidade das formas de vida contribuem para a sua própria existência e são também valores por si mesmas

Toda forma de vida contribui para a diversidade da vida – não existe nenhum "matinho sem utilidade" ou "bicho inútil" no nosso planeta.

A diversidade que gera e mantém a vida é, por si só, valiosa. Este princípio me remete à gratidão imensa que devemos cultivar dentro de nós por vivermos em um planeta tão lindo que nos oferece todas as condições possíveis de sobrevivência (não me refiro apenas à espécie humana).

Além disso, toda forma de vida tem um papel a cumprir, mesmo as espécies vistas por muitos de nós como "exóticas", "peçonhentas" e até inúteis. "Essa planta não serve pra nada". Será? Vá lá, a natureza é sábia e tudo tem um porquê de existir. Isso se aplica a nós também.

E, fazendo um paralelo com as causas que apoiamos, não existe "causa inútil". Qual é o papel da sua causa? Por que ela é importante? Qual é o seu lugar? A natureza tem muito a nos ensinar. Caso você não se sinta 100% "útil" conforme os padrões sociais, te convido a refletir se você realmente está em seu lugar. Pode ser que não esteja e que sua vida precise de alguns ajustes – mas inútil, nem você e nem sua causa jamais serão! Assim como cada espécie exótica do planeta.

3.
Os seres humanos não têm o direito de reduzir essa riqueza e diversidade, exceto para satisfazer as necessidades vitais.

Nossas necessidades devem respeitar as necessidades vitais de outras espécies. Como anda o seu consumo? Sua pegada ecológica?

A sociedade de consumo cria para nós necessidades inexistentes. Simplesmente não precisamos de tudo o que achamos que precisamos. É necessidade vital ter vinte pares de sapatos, sendo que você só tem dois pés? É necessidade vital viajar de avião para participar de uma reunião quando hoje em dia é perfeitamente possível fazer encontros *online*? Imprimir tudo que é documento, sendo que podemos salvá-los em nossos computadores? Trocar móveis, celulares, carros, uma vez por ano? Comprar mais comida do que precisamos para a semana? Não, minha gente, não é. Nosso planeta pede nossa ajuda para que possa recompor suas forças e sua capacidade milagrosa de gerar vida.

Nós, *changemakers*, temos em mãos uma maravilhosa oportunidade de sermos exemplo. De sermos a mudança que queremos ver no mundo, como ensinou Mahatma Gandhi.

Antes de tudo, habitamos um planeta maravilhoso que pede pausa e apoio. Imagine se a base de todas as coisas que queremos melhorar no mundo começasse por nós mesmos e pela maneira como nos comportamos por aqui. Quanto mais cuidamos melhor de nós mesmos e de nosso planeta, mais nos potencializamos como exemplo positivo e inspiração aos demais. Todas as causas precisam de bons exemplos para que possam florescer e frutificar.

4.
A presente interferência humana no mundo não humano é excessiva e a situação está piorando rapidamente

Temos alto poder destrutivo enquanto espécie.

Esse princípio da Ecologia Profunda é um atestado de realidade. Fato, estamos causando problemas por aqui. Para citar apenas um exemplo drástico do que isso significa, em 2023 um estudo chamado *Global Tipping Points* ("Pontos de Não Retorno Globais"), liderado pelo professor Tim Lenton, da Universidade de Exeter, Reino Unido, com o apoio de mais de duzentos pesquisadores de mais de noventa organizações em vinte e seis países, afirmou que a Terra está próxima de alcançar cinco pontos de não retorno. "Os pontos de virada no sistema terrestre representam ameaças de magnitude nunca enfrentada pela humanidade. Eles podem desencadear efeitos dominó devastadores, incluindo a perda de ecossistemas inteiros e a capacidade de cultivar culturas básicas, com impactos sociais que incluem o deslocamento em massa, a instabilidade política e o colapso financeiro", afirmou Tim em um artigo publicado no *site* do *The Guardian*.

> **Changemakers são realistas, sonhadores e otimistas natos. Temos uma enorme capacidade de enxergar o que está errado e, quase compulsivamente, já pensar em como manifestar soluções. Somos visionários e enxergamos o belo potencial do futuro.**

Portanto, é fácil para nós perceber que nosso mundo passa por dificuldades em muitas esferas. Ter uma visão realista do que está acontecendo faz parte do nosso manual de sobrevivência – como poderíamos mudar qualquer coisa se não soubermos o que anda acontecendo? E cabe a nós encontrar soluções. O que podemos fazer a respeito, então? Não se desespere, não estamos sozinhos nesse barcão.

5.
O florescimento da vida e das culturas humanas é compatível com a substancial diminuição da população humana. O florescimento da vida não humana requer tal diminuição

O crescimento da população mundial deve diminuir para que outras espécies possam sobreviver.

Este é um ponto delicado, que já causou muita polêmica no mundo da Ecologia Profunda, mas fato é que atualmente nosso planeta já não se regenera a tempo do nosso consumo só aumentar. Ao contrário do que algumas pessoas já concluíram e até criticaram, a Ecologia Profunda não defende o extermínio de humanos, mas o controle da natalidade.

Em 2020, o mundo contabilizava 7 bilhões e 800 milhões de pessoas. Em 2022, 8 bilhões. De acordo com relatório das Nações Unidas, em 2030 serão 8,5 bilhões. Em 2050, 9,7 bilhões. Se o planeta já está um caos em termos da rápida degeneração da natureza e desigualdade econômica com 7,8 bilhões, em que condições a humanidade estará com quase 10 bi, previstos para 2080? Quantas espécies desaparecerão e quanto teremos de solo saudável, florestas, água potável e condições de sobreviver até lá? Como estará a vida de pessoas de maior vulnerabilidade social? Difícil dizer. Ou o crescimento populacional é controlado por nós ou a ONU precisa é estar muito errada.

O que gosto de propor sempre que falo desse tópico é: caso você ainda não tenha filhos, mas queira ter, vale a pena se perguntar se esse desejo vem do fundo da sua alma – pois ele pode ser fruto de profundos condicionamentos sociais que criam, na verdade, um enorme peso em nossas vidas. Exemplifico: eu, que decidi não ter filhos para dar um respiro para Gaia e estou muito bem com isso. Já ouvi de pessoas que, para ser mulher de verdade, só sendo mãe. Que precisamos deixar nosso DNA para a posteridade. Que devemos ter filhos para ter quem cuide de nós quando ficarmos velhos. Que, sem filhos, jamais sentiremos o maior amor do mundo. O que dizer dessas razões para ter filhos diante da atual situação planetária?

Sou super a favor da adoção e da maternidade e paternidade conscientes. E questiono as razões sociais e históricas de procriação. Que venham ao planeta crianças muito bem-vindas pela alma de seus pais – e não por condicionamentos sociais. Eu sei, esse tema incomoda, mas precisamos falar sobre isso. E outro ponto que me chama atenção neste tópico é que, para os que querem ou já têm filhos, isso significa receber almas em um mundo caótico em acelerada transição e prepará-las para lidar com os desafios atuais e futuros da melhor forma que pudermos.

Então a vocês, changemakers que são pais, mães e os que não querem ter filhos, mas que, como eu, são tios e tias, padrastos e madrastas do coração, faço um pedido no qual também me incluo: cuidemos das crianças. Preparemos elas para que ganhem resiliência física, mental, emocional e espiritual. Elas precisarão estar preparadas e com espaço e apoio para serem livres, conscientes e aplicarem neste mundo seus melhores talentos. Sem dúvida deverão contar com todo apoio para que possam viver com dignidade, boa educação e uma conexão profunda com a Mãe Terra, desde pequeninas.

Lembro que uma das primeiras coisas que fiz quando meu sobrinho Francisco nasceu foi segurá-lo e levá-lo até o quintal da minha irmã. Parei com ele em frente a uma árvore, coloquei suas mãozinhas nela e fiquei falando o quanto a árvore o amava e o quanto ele também a amava. Quando ele tinha uns 2 anos, sentia medo do mar e eu o levava comigo repetindo o quanto o mar é bom. Com uns 5 anos, saímos juntos abraçando árvores. Claro, os pais dele também sempre incentivaram sua conexão com a natureza, de acampamentos na cachoeira a plantio de comida em casa. Francisco hoje tem 11 anos e está aprendendo a surfar. Fala com confiança sobre espécies de plantas e alimentos de sua horta e gosta de se aventurar.

Depois de quatro anos na Austrália, finalmente consegui visitar o Brasil e o convidei para ir comigo para a Amazônia. Ele me disse que, mesmo que seus pais não fossem, ele iria comigo. Pouco depois, lembro do pai dele ficar com um pouco de receio e pedi que o chamasse para falar comigo no viva-voz.

– Fran, você iria para a Amazônia só comigo?

– Mas é claro que sim, tia!

Passamos quatorze dias imersos na floresta. Ensinei ele a pedir licença antes de entrar no rio e na mata, conhecemos praias, andamos de barco, visitamos árvores gigantes, comemos alimentos locais. Deixei-o bem livre para brincar com outras crianças e também sozinho na beira do rio, para que se sentisse realmente à vontade na realidade amazônica daquela bonita comunidade tumbira, no estado do Amazonas, na qual ficamos hospedados. Ao final da viagem...

– Tia, tomei uma decisão.

– Qual, Fran?

– Quando eu fizer dezoito anos, eu vou me mudar para a Amazônia. Quero morar na comunidade, estudar e cuidar daqui.

Você consegue imaginar como meu coração de tia se sentiu? Quanto mais conectadas forem com o nosso planeta, maiores as chances de que crianças cresçam naturalmente sentindo a vida como preciosa e sagrada – e não como recurso – e queiram protegê-la. Essas crianças seguirão os passos dos adultos que se importam com a natureza.

Quer crianças em sua vida? Maravilha! Lembre-se de que você será sempre um grande exemplo para elas. Não quer ter filhos? Maravilha também – mesmo assim, você pode ser uma pessoa muito especial na vida de outras crianças. Independente da causa que abracemos, cuidemos das crianças o máximo que pudermos.

6.
Políticas devem, portanto, ser alteradas. As mudanças nas políticas afetam o básico das estruturas econômicas, tecnológicas e ideológicas. O estado resultante das coisas será profundamente diferente do presente

Política é fundamental para construir os alicerces de novas economias, ideologias e tecnologias. Nossa maneira de fazer política precisa mudar!

Todos devemos ficar mais atentos a em quem votamos. Vamos dar mais oportunidade para *changemakers* políticos? Vamos esquecer os velhos padrões e nos abrir a novas possibilidades? Vamos confiar mais nos e nas jovens que se atrevem a fazer política e que podem, sim, provocar excelentes micro e macrorrevoluções na sociedade, na educação, na cultura, na economia, no meio ambiente? Existem muitos *changemakers* incríveis propondo novas maneiras de se fazer política. Faz parte da criação de um mundo melhor uma verdadeira ressignificação do que política significa. Além disso, mudanças estruturais também acontecem por meio de políticos. Escolhê-los corretamente para nos representar é uma enorme responsabilidade.

E, caso você esteja na política, te convido a refletir. Quem lê este livro com certeza já concorda comigo: política não é para ser usada para satisfazer interesses pessoais. Deve-se visar o bem do todo e não o do próprio umbigo e o de amiguinhos. Não é ético não cumprir com a palavra, usar dinheiro público para vantagens pessoais, não destinar verba adequada às áreas sociais, ambientais, educacionais, culturais. Quando olho para a política hoje em dia, vejo tanta coisa errada. O que era para ser uma profissão exercida sobre os alicerces do amor e do respeito tem sido usado para jogos de poder e guerras ideológicas. Já brinquei várias vezes comigo mesma dizendo que, se todos os políticos e políticas corruptos e antiéticos tomassem *ayahuasca*, também tomariam vergonha na cara.

A Ecologia Profunda preza por política exercida de forma ética. A você, que compreende o que estou falando e que quer se aventurar nesta seara, desejo que tenha MUITO sucesso! E, caso não queira ir para a política, como é o meu caso, sigamos votando em quem realmente se importa. Votemos em *changemakers*. Eles têm a inteligência, sabedoria e confiança necessárias para seguir em frente nesse caminho tão espinhoso. "Você será capaz de sacudir o mundo!", canta Raul Seixas. E como será. Seremos!

7.
A mudança ideológica é principalmente a de valorizar a qualidade da vida (morar em situações de valor inerente, mais simples) em vez de aderir a um padrão de vida cada vez mais alto. Haverá uma profunda consciência da diferença entre grande e grandioso

Não precisamos ter para ser. E esta consciência gera qualidade de vida.

Hoje em dia, muitas pessoas confundem o ter com o ser. Extremamente manipuladas pelo *marketing* das empresas, acreditam ter necessidades que não têm. Na "falta de tempo", não priorizam olhar para dentro e acabam comprando coisas e mais coisas para, quem sabe, essas coisas aliviarem um pouquinho a sua necessidade de sentir mais alegria, conforto interior, sensação de proteção, amor e preenchimento.

O caminho da simplicidade é, na verdade, o que pode proporcionar todas essas sensações de maneira real. Quanto menos coisas não necessárias e não vitais à nossa sobrevivência não desejarmos possuir, mais nos libertaremos de padrões e formas de pensamento impostos a nós por uma sociedade doente e capitalista.

Nesse caminho de possuir menos, de ter uma vida mais simples, muitos de nós poderão encontrar mais felicidade. A pandemia de coronavírus nos ensinou obrigatoriamente que existem outras maneiras de viver. Muitas pessoas passaram a perceber que mudanças antes consideradas impossíveis são possíveis, sim.

Durante meus tempos de Amazônia, eu só tinha um par de tênis e outro de chinelos. Foram cinco anos assim. E descobri que consigo viver muito bem com poucas coisas! Nessa época, e inclusive durante os meus dois primeiros anos morando no Rio de Janeiro, eu não comprei nenhuma peça de roupa nova. Doava as minhas e ganhava roupas das minhas amigas. Participei de feiras de troca e cheguei a ter algumas moedas locais – sem valor financeiro conforme os padrões sociais, mas com valor de troca para uma comunidade local.

Simplicidade Voluntária é um termo usado para definir a escolha de um estilo de vida que preza pelo simples, evita o consumismo e o supérfluo em detrimento de mais tranquilidade, tempo com a família, amigos e cuidado com a natureza. É viver de tal maneira que o espaço que você ocupa não ocupe exageradamente o de outros seres. O monge budista Koho Mello, porta-voz dessa maneira de viver, uma vez contou em uma aula que ele dormia em um quarto realmente pequeno, onde cabia apenas o suficiente. As pessoas pareciam surpresas quando ele deu detalhes, ao que ele disse: "Não preciso de mais, meu corpo cabe perfeitamente ali dentro". Aquela era sua riqueza. Achei fantástico.

"A simplicidade tem as respostas para a maioria das nossas perguntas e é pré-requisito essencial para a sustentabilidade, espiritualidade e harmonia social", contou Satish Kumar em um artigo para a revista Resurgence sobre um de seus livros, chamado *Elegant Simplicity*. Em português, Simplicidade Elegante.

SER e TER devem caminhar em equilíbrio em nossas vidas. Muitas pessoas têm um mundo de coisas e não são felizes, enquanto outras olham tanto para dentro que se esquecem de que vivem no mundo material. Autoconhecimento leva ao caminho do ser. Quanto mais nos conhecemos, mais conseguimos reconhecer o que realmente é importante para nossas vidas. E, neste caminho, mais compreendemos que não precisamos complicar tanto a própria existência. Cada "ter" não necessário é um pesinho a mais que carregamos.

Changemakers que escolhem o caminho da simplicidade, dentro do que lhes é possível, podem adquirir mais qualidade de vida, algo absolutamente essencial para quem se dedica a tornar o mundo melhor. E, de quebra, ainda geram menos lixo para o nosso planeta.

Nada nunca é "jogado fora" porque não existe fora. Lembrando que, conforme estimativas de pegada ecológica, se todos os atuais oito bilhões de habitantes da Terra consumissem a mesma quantidade de coisas que pessoas de países ricos, precisaríamos dos "recursos" de, em média, três planetas Terra por ano. Lembrando também que o excesso de consumo gera injustiças sociais. Se existe alguém que tem demais, outro com certeza tem de menos.

2 de agosto foi quando a Terra atingiu sua sobrecarga em 2023, ou seja, nessa data a humanidade já havia consumido todos os "recursos naturais" disponíveis para aquele ano inteiro. Estamos no vermelho, devendo recursos ao planeta e abusando da natureza em uma velocidade maior do que ela tem capacidade de se regenerar ao longo de 365 dias. De acordo com a Global Footprint Network, isso tem acontecido pelo menos desde 1971 (as medições disponíveis divulgadas são apenas desde esta data). A conta não fecha. Não dá.

A simplicidade é muito elegante e nada tem a ver com voto de pobreza, como ensina Satish Kumar. "Qualquer tolo inteligente pode inventar mais complicações, mas é preciso um gênio para manter, ou recuperar, a simplicidade", dizia E. F. Schumacher, autor de *Small is Beautiful*.

Em vez de buscar incessantemente um padrão de vida cada vez mais alto, podemos passar a valorizar a qualidade da vida com mais presença, situações de valor intrínseco, experiências e conexões que tragam satisfação genuína, mesmo que não correspondam a uma visão convencional de "sucesso" ou "progresso" conforme os padrões do materialismo e do consumo excessivo. Te convido a refletir sobre isso, para que você vivencie aquilo que é verdadeiramente grandioso em termos de significado, impacto e apreciação mais profunda de qualidades essenciais à sua vida.

8.
Aqueles que subscrevem os pontos precedentes têm uma obrigação direta ou indireta de participar da tentativa de implementar as mudanças necessárias

Concorda com algum item dessa lista?
Então, mãos à obra!

Por fim, Arne nos chama à responsabilidade. Se algo que acabou de ler faz sentido para você, então... ação! Individualmente e também em grupo – super efetivo estudar e praticar esta filosofia junto a outras pessoas.

Como *changemakers*, sabemos muito bem como é caminhar para frente, rumo ao que nos parece justo. Este princípio da Ecologia Profunda nos inspira a integridade e a responsabilidade de fazer o que acreditamos que deve ser feito e a seguirmos os nossos instintos, de acordo com a nossa consciência.

Adoro esta frase de Satish Kumar para o *The Guardian*:

"É hora de dar uma chance ao idealismo – energia renovável, educação centrada na natureza, agricultura orgânica. Os realistas dizem que são práticos, mas estão causando estragos. Herdamos um mundo tão bonito. Nossos ancestrais criativos nos legaram arte, religião e cultura. Mas o que os realistas de hoje estão deixando para as futuras gerações? Mudanças climáticas, extinção da natureza, guerra na Ucrânia, guerra em Gaza e outras catástrofes. O tempo dos realistas acabou. Estou muito feliz por ser idealista."

Nós também, Satish.

A Ecologia Profunda é, enfim, uma filosofia que nos remete à ética planetária. Aproveitando que ela nos ensina a fazer perguntas... tenho algumas a fazer.

- Como seria o mundo se as pessoas passassem a se relacionar com o nosso planeta o vendo como um ser vivo? O comportamento de cada pessoa em relação ao consumo, ao descarte, ao que é compreendido como necessidade vital mudaria? Quais seriam as prioridades reais?
- Será que os países teriam regras diplomáticas mais amenas, com olhar muito mais humanitário do que político?
- Será que existiria menos fome no mundo?
- Será que as pessoas parariam de sofrer violência por causa da cor de suas peles e identidades de gênero?
- Será que os desmatamentos cessariam, que os animais dos zoológicos de entretenimento e lucro se tornariam refúgios saudáveis de nossos irmãos selvagens que tiveram a sua liberdade cerceada?
- Será que as pessoas se tornariam mais conscientes quanto à maternidade e paternidade? Será que compreenderiam com a devida seriedade o que é trazer mais um ser a este mundo que sinaliza em seu futuro tremendos desafios?
- Será que existiriam fronteiras entre os países?
- Será que os políticos eleitos seriam os que honesta e sinceramente se preocupam com seu povo e sua nação?
- Será que veríamos mais crianças sendo adotadas, mais gente abraçando árvores nas ruas?
- Será que a agricultura industrial eliminaria de uma vez o uso de agrotóxicos por compreender, como numa iluminação irresis-

tível, que a terra, os insetos, nós, humanos, não merecemos comer veneno?

- Será que as indústrias se empenhariam com afinco, junto a órgãos responsáveis, em definitivamente reciclar tudo o que é possível? Será que finalmente investiriam em economia circular?

- Será que os supermercados teriam 90% de seus produtos vendidos a granel?

- Será que as escolas eliminariam seus espaços cheios de concreto para, no lugar deles, deixar a terra respirar, plantar flores e árvores para que as crianças pudessem ter espaços de aprendizagem em meio à natureza?

- Será que as pessoas, dentro das empresas, transformariam ambientes competitivos em ambientes colaborativos?

- Será que as pessoas se tornariam mais espiritualizadas?

- Será que passariam a honrar e respeitar profundamente todos os povos indígenas do mundo?

- Será que perceberíamos o quanto somos potentes na arte de curar, apoiar, aprender e ensinar?

- Será que haveria mais pessoas com a coragem de se vulnerabilizar e expor as suas dores sabendo que, ao fazerem isso, com certeza receberiam apoio?

- Será que a indústria de transportes baniria de uma vez o uso de combustíveis fósseis e os substituiria por fontes renováveis e verdadeiramente sustentáveis?

- Será que, por amor à nossa Mãe Terra e à humanidade, os países finalmente deixariam seus interesses políticos e econômicos em segundo plano e priorizariam realizar todas as mudanças radicais necessárias para diminuir suas emissões de gases de efeito estufa em um verdadeiro comprometimento para amenizar as consequências inevitáveis da atual crise climática?

- Será que todas as religiões do mundo se uniriam finalmente e respeitariam de uma vez por todas suas maneiras singulares – e complementares – de dizerem que Deus é amor?
- Será que o uso de plástico seria banido no mundo?
- Será que parariam de destruir a Amazônia?
- Será que as baleias, os elefantes, os ursos, os galos, as focas, os corais, as vacas... seriam deixados em paz?
- Será que o mundo se uniria e colocaria toda tecnologia disponível para remover a ilha de plástico do Oceano Pacífico?
- Será que haveria uma moratória de 100 anos para que a vida marinha pudesse se recuperar da pesca extensiva e destrutiva?
- Será que todos voltaríamos a falar com o sol, a lua e as estrelas?
- Será que as guerras cessariam?
- Será que a todos os refugiados do mundo seria dada a oportunidade do recomeço de uma nova vida com dignidade em outro país sem o doloroso processo de vistos?
- Será que plantaríamos mais árvores?
- Será que ativistas seriam vistos como verdadeiros heróis sociais e seriam cuidados, apoiados e respeitados devidamente?
- Será que jornalistas deixariam de ser perseguidos por denunciarem crimes cometidos por países ricos?
- Será que os idosos seriam tratados com mais carinho e amorosidade?

- Será que as mulheres passariam a, finalmente, se sentirem mais seguras e respeitadas?
- Será que os homens finalmente teriam espaço para chorar e se vulnerabilizar, sendo acolhidos e compreendidos?
- Será que as crianças seriam vistas como mestras dos adultos?

> *"You may say I´m a dreamer, but I am not the only one."* – John Lennon
> "Você pode dizer que sou uma sonhadora, mas eu não sou a única."

REALMENTE o mundo tem todo o potencial para ser bem melhor.

Sempre digo que a filosofia da Ecologia Profunda é uma ferramenta encontrada por um sonhador para nos ajudar a lembrar, sentir e a pensar... o óbvio. Para dizer, de outra forma, o que os povos indígenas já dizem há muito tempo.

E vivemos tempos em que não podemos mais esperar, não dá mais pra procrastinar. O alarme do universo está tocando e chegou a hora de escutar.

Você ouve esse alarme?

> *Para gravar bem: Ecologia Profunda é uma ponte entre a sabedoria ancestral e o futuro que queremos. É uma filosofia ambiental e um movimento que nos ensina a lembrar daquilo que sempre foi, é e sempre será.*

Ela é bem teórica e puxa das pessoas a prática, nos convida a levantar a bunda do sofá e a parar de esperar que alguém resolva os problemas do mundo por nós. Muitas pessoas, inspiradas por essa maneira de explicar o óbvio, de fato se levantaram do sofazinho para criar maneiras de ajudar as pessoas a refletir profundamente sobre o estado do nosso mundo e, principalmente, a SENTIR esse estado através de vivências individuais e em grupo.

A Schumacher College teve como professor ninguém menos do que James Lovelock, que partiu deste mundo em 2022, aos 103 anos. Te falei, lembra? Ele cunhou a Teoria de Gaia. Um de seus alunos foi Stephan Harding, também aluno e amigo de Arne Naess. E quem foi o supervisor da minha dissertação? Stephan, o melhor e mais incrível professor que já tive na vida.

Ele toca violão em suas aulas antes de ensinar que o planeta é um ser vivo. Primeiro, nos convida a acalmar a mente, silenciar e entrar no espaço sagrado que o conteúdo sobre a Teoria de Gaia desvenda. E, só depois, começa a ensinar. Em outra ocasião, enquanto falava sobre os processos, rochas, águas e minerais envolvidos no longo ciclo de carbono, que naturalmente aquece e resfria o planeta, ele nos convidou a irmos juntos para a sala de meditação. E, depois que deitamos no chão, tocou tambor para que pudéssemos visualizar e nos conectar com os seres que habitam as profundezas da Terra. Os relatos das visões que compartilhamos foram muito interessantes.

Sua aula mais marcante foi a Deep Time Walk (Caminhadas ao Tempo Profundo). Que tempo? O da Terra. Sabemos cientificamente e através de uma porrada de números que nosso planeta tem 4 bilhões e 500 milhões de anos, mas nossa mente não é capaz de compreender o que é isso. Você consegue ter uma noção real e verdadeira da idade da Terra só de ouvir esses números gigantes? Sim? Tem certeza? Não? Eu também não. A gente precisa de ajuda para isso.

Então, para nos levar para o universo além-números da Ecologia Profunda, Stephan colocou seus alunos em um ônibus, com lanche pra todo mundo, e os levou para a costa de Devon, onde montanhas beiram o mar. Paramos no começo de uma trilha que tem exatos 4,5 km.

E nos disse que, a partir dali, a cada passo que dermos, deveremos pensar: 500 mil anos. Cada passo, 500 mil anos de vida planetária, até completar os 4 bilhões e meio de idade da Terra, fazendo pausas para ouvir dele os principais momentos do florescimento da vida por aqui, até chegarmos aos tempos atuais.

Lembro bem... eu pedia ao Stephan para participar de todas as Deep Time Walk que ele fazia, essa de 4 km e meio, à beira mar... me encantava ouvir a maneira como ele falava.

A caminhada termina sempre de um jeito que nos faz refletir profundamente sobre o atual estado do nosso planeta. Para você ter uma ideia, em escala geológica, considerando os eventos mais importantes da Terra desde o seu nascimento, há 4 bilhões e 500 milhões de anos, se reduzirmos a história da Terra para 24 horas, os primeiros *homo sapiens* surgiram por aqui às 23 horas, 59 minutos e 57 segundos, ou seja, faltando 3 segundos para fechar as 24 horas. O que isso significa? Que mal chegamos aqui e já estamos bagunçando e destruindo o que o planeta demorou quase 5 bilhões de anos para construir.

O ser humano é poderoso? Sim, e destrutivo – agora, imagine se usarmos esse poder todo para gerar vida? A Terra é frágil? Sim e não. Ela é delicada e tudo nela se interconecta de forma maravilhosa e caótica para gerar vida, mas ela sobreviveu a muitas intempéries ao longo desses bilhões de anos e já está mais do que claro o quanto ela consegue se refazer. A Terra é bem mais poderosa do que nós.

Um dia, depois de uma das várias Deep Time Walk das quais participei, me senti muito mal. Fiquei mal. Tipo, triste. Pensativa, reflexiva. O Stephan me disse que daqui a uns 500 milhões de anos o nosso sol vai explodir. E que, quando isso acontecer, nosso planeta também deixará de viver.

– Stephan... – falei baixinho, bem reflexiva em meu silêncio interior – então isso quer dizer que tudo o que estamos fazendo para ajudar o planeta e salvarmos a nós mesmos, na verdade, não vai adiantar nada, porque o planeta vai morrer de qualquer jeito?

Me lembrei da Amazônia, dos meus anos de ativismo, de todo meu processo para me recuperar do *burnout* – ele ainda estava em curso quando estudei. Lembrei de toda luta, todo cansaço, todas as batalhas ganhas e perdidas, as centenas de reportagens, todo tempo, energia e amor colocados na causa que me escolheu, inclusive um mestrado que topei fazer sem ter dinheiro para pagar. Bateu um vazio. Um choque de realidade. Só que, ao ouvir sua resposta, me conectei com a sabedoria do que Stephan trouxe. Ele disse:

– Vai, um dia o planeta vai morrer. MAS: tudo o que fazemos e vivemos por aqui, tudo o que aprendemos e evoluímos, todo bem que fazemos aqui na Terra e pelo planeta, Karina... vai ressoar pela eternidade, pelo universo inteiro.

Tudo, qualquer coisa que façamos de bom neste planeta, não importa o tempo que ele dure e o nosso tempo... impacta o universo inteiro. Isso não é genial? UAU. Que visão cosmológica absurda. "Mas é claro!", pensei. Que incrível, essa vida.

Quando chegamos de volta ao campus, eu já estava me sentindo bem melhor. Em silêncio, na minha, fui pegar um chá na salinha. Tinha gente para lá e para cá, uns tocando violão, outros conversando sobre como foi fazer a caminhada. E eu ainda pensativa, meus pensamentos na Amazônia, mexidaça com as palavras do Stephan. "A floresta cada dia mais sendo destruída, mas o planeta vai morrer de qualquer jeito, esse ataque imposto à floresta é insano, tenho que fazer o que consigo... meu Deus, pera, me ajuda a internalizar o que o Stephan falou, pera".

Continuei pensando, com um chazinho na mão: "Nosso planeta é um ser vivo, eu sou um ser vivo dentro do planeta, para os seres que me habitam eu sou um ecossistema, então o ecossistema Amazônia também é um ser vivo no planeta". Senti um "sim" dentro de mim. Continuei: "Estão matando a floresta". Foi quando ouvi uma voz, que me disse telepaticamente:

— Karina, eles estão destruindo o corpo da Amazônia, mas jamais destruirão a sua alma.

— Mas, então, o que vai acontecer se destruírem todo o seu corpo? — perguntei em pensamento.

— *Quando o corpo da Amazônia morrer, sua alma encontrará outro corpo que a comporte* — ouvi.

— E a Terra, quando o sol explodir? — perguntei em pensamento, já com olhos cheios de lágrimas e sem conseguir tomar o chá.

— *A alma da Terra também encontrará outro corpo que a comporte* — a voz respondeu.

— Pois, no universo, tudo está em constante expansão e evolução. Eu vou morrer, o sol também, a Terra também e a vida vai seguir existindo, é isso? — perguntei. — *SIM* — a voz me disse.

E, seja quem tenha sido o mensageiro, fui abraçada e senti seu sorriso. Nessa hora, já não deu para segurar o choro no meio da sala lotada de gente tomando chá.

Esse papo foi de uma sabedoria tal que expandiu completamente minha forma de enxergar os seres vivos deste planeta. Não estou aqui contando isso para você simplesmente acreditar em mim. Minha função é comunicar minha experiência. Você tira dela o que for válido para você e sua caminhada.

A gente vai navegando no universo dessa filosofia e, aos poucos, nossa visão de mundo e interconexão se expandem para muito além daquilo que pode ser visto pela ciência moderna que ainda se limita, pelo sistema educacional, político, econômico, por dogmas e crenças. Ecologia Profunda mexe com nossa consciência. Quanto mais a assimilamos, mais enxergamos além por nós mesmos. A filosofia nos expande, faz isso com a gente. E treinar-se para a expansão é necessário para nossa sobrevivência e servir, nesse momento tão intenso de transição.

Saí da Amazônia toda fodida, fui parar no Rio de Janeiro, tive umas pitadas de momentos de reconexão ali e depois fui parar na Schumacher College, de onde saí com a sensação de ter tomado para valer a pílula vermelha que me tirou mentalmente de uma vez da matrix na relação humanos e não humanos. A Schumacher é uma das principais escolas onde se aprende e pratica a Ecologia Profunda no mundo, mas estar ali não é o único caminho para a assimilar.

Depois que a Ecologia Profunda foi divulgada, muitas pessoas passaram a criar suas próprias metodologias para ensiná-la e propagá--la. Tive a honra de estudar com os principais professores "ecologistas profundos" do mundo. Vá atrás desses humanos: Stephan Harding une ciência à filosofia de maneira extraordinária. Satish Kumar se inspira nela para trazer novas abordagens dentro do campo da espiritualidade, ecologia e sociologia. Joanna Macy cocriou o The Work That Reconnects (Trabalho Que Reconecta). John Croft criou o Dragon Dreaming, metodologia de materialização de nossos sonhos com base na sabedoria dos povos indígenas da Austrália. John Seed e Patricia Fleming são cocriadores de uma atividade que virou livro e rodou o mundo chamada O Conselho de Todos os Seres (algo novo para algumas culturas do mundo, mas certamente o que se vive ali já é praticado há muitos séculos por povos indígenas). Chris Johnstone é coautor do livro *"Active Hope"* (Esperança Ativa). Esses são os abridores de caminho, a velha guarda, todos ainda admiravelmente na ativa.

E a nova guarda também está em movimento. Existem muitas pessoas pelo mundo com a firme intenção de praticar e ensinar, das formas mais criativas, esta filosofia e seus desdobramentos. Quem somos? Bom, foco no Brasil, indico Nicolas Gomez, João Vianna, Marco Aurélio Bilibio, Rita Mendonça, Aline Matulja, Juliana Faber e, com certeza, tem mais gente no bonde. Em Portugal, recomendo Violeta Lapa e Virgílio Varela. E estou aqui para você também, claro, onde quer que Gaia queira me colocar.

THE WORK THAT RECONNECTS
– O TRABALHO QUE RECONECTA

De acordo com Joanna Macy, em um bate papo nosso para um *site* de notícias para o qual a entrevistei: "O Trabalho Que Reconecta nasceu para nos ajudar a ver realmente o que está acontecendo com o nosso mundo, a falar sobre a verdade que sentimos, a encarar nossa dor. Com o tempo, aprendi que esse trabalho não apenas nos ajuda a ver, mas também nos abre igualmente ao amor e traz leveza ao coração".

É isso mesmo. Essa metodologia foi e é aplicada com afinco pelos facilitadores do Gaia Education em praticamente todas as nossas aulas ao longo de cinco meses. Recuperei minha esperança nas pessoas e em dias melhores graças às inúmeras vivências cocriadas e divulgadas pela Joanna. Seu trabalho me devolveu a certeza de que aqui no mundo existe muito mais gente fazendo o bem do que o contrário. Se eu quisesse mesmo compreender e praticar a Ecologia Profunda e aprender novos caminhos de atuação como *changemaker*, eu TERIA que estudar com a Joanna também. E assim foi.

O Trabalho Que Reconecta começou por ela, mas ao longo dos anos foi sendo incrementado por uma série de colaboradores. Ela liberou geral o uso de sua metodologia. "Eu dei esse trabalho ao mundo, transformei-o em *open source*, não tenho nenhum *copyright*, nem controle, nem propriedade intelectual. Preferi que ele se espalhasse", me contou. Quer aprender? Basta comprar seus livros, ler, estudar e, sempre que possível, participar dos *workshops*. Porque, afinal, para você conseguir ajudar os outros direitinho, é melhor primeiro passar pela experiência para saber como é.

Compartilho aqui o que aprendi com a Joanna, mas também o que trago das minhas próprias reflexões e experiência. A metodologia do Trabalho Que Reconecta tem quatro fases. A primeira: **Gratidão**. Começamos com vivências que despertam em nós esse sentimento tão elevado e aprendemos a agradecer: pelos nossos amigos, pelos momentos mais bonitos que já vivemos, pelos desafios superados, pelas doces lembranças da infância.

Quando agradecemos, abrimos nosso campo energético para a abundância e a energia da reciprocidade. Conheci a avó Agnes Pilgrim, que já fez a passagem e que era parte do Conselho das Treze Avós Indígenas, quando participei de uma festa nativa americana chamada Pow Wow e que celebrava o Ritual Sagrado do Salmão, algo que ela começou a fazer para resgatar a cultura de seu povo, no Estado de Oregon. A avó indígena me acolheu, rezou comigo pela Amazônia e me ensinou que "gratidão é energia de reciprocidade". O Trabalho Que Reconecta começa pelo caminho certo.

A segunda fase se chama **Honrando nossa dor pelo mundo**. Muitas, mas muitas pessoas estão cansadas. Acham que os problemas são insolúveis, que não vale a pena fazer nada porque, afinal, que diferença fará? E a dor, como já falamos, está dentro de todo mundo. Cada um sente de um jeito. Para uns, dói muito. Para outros, nem tanto. E uns outros, ainda, estão anestesiados a ponto de não sentir nada – na superfície... porque, se estamos todos interconectados na teia da vida, o que quer que aconteça com uma das partes da teia afeta todo o resto, estejamos conscientes disso ou não. Joanna explica que honrar nossa dor é um caminho e tanto para o fortalecimento de nosso senso de missão. Empodera, fortalece.

Como eu falei lá no capítulo 1, posso dizer, pela minha experiência, o seguinte: ter consciência de nossa própria dor ajuda, mas não resolve. Devemos ouvi-la, dar voz a ela, aprender a utilizá-la para que, como já falei por aqui, ela se torne nosso combustível para ação e não uma energia que nos entorpece ou paralisa. Se eu tivesse dormido abraçadinha com a minha dor, feito carinho nela, se tivesse ouvido o que ela estava falando, não teria tido *burnout*.

Outra coisa maravilhosa desse trabalho é que, quando falamos de nossas dores abertamente para outras pessoas e quando as ouvimos falar das delas, percebemos que temos muito mais sentimentos em comum do que imaginamos. Isso cria uma irmandade, aumenta nossa capacidade de sentir empatia e nos mostra que definitivamente não estamos sozinhos nessa travessia.

A terceira fase se chama **Enxergando com um novo olhar**. Aqui, adentramos o não-tempo. Por meio das vivências, conseguimos usar o poder de nossa conexão e imaginação para acessar informações valiosas. Podemos, por exemplo, começar a falar como se estivéssemos ouvindo as vozes de nossos ancestrais ou então dos seres do futuro, crianças que ainda não nasceram aqui no planeta. Damos vozes, também, a seres não humanos. Nessa etapa, nosso nível de empatia se estende a toda família planetária, para além dos seres humanos.

É uma fase do processo que nos faz compreender, pela experiência, que somos muito mais capazes do que imaginamos de acessar a sabedoria existente no mundo. Podemos beber das águas puras de saberes o que precisamos para ampliar o nosso olhar, fortalecer o nosso senso de missão e propósito, nos conectar com a alma do planeta Terra. É aquela etapa em que, sinceramente, nos damos conta de que "eu não sabia que seria capaz disso, mas sou". Se abrir completamente e sem julgamentos para falar como se você fosse uma baleia vai te ajudar a compreender demais o que é uma baleia enquanto ser senciente. Você se surpreende com o que sai da sua boca. "O queeee, eu falei isso?". Falou.

Por fim, a quarta etapa se chama **Seguindo adiante**. Esse é o momento de ganhar muita clareza sobre nossa contribuição ao mundo e de pensar e sonhar os próximos passos, rumo ao que desejamos realizar. Aqui, aprendem-se ferramentas de uso individual e coletivo para a materialização de nossos sonhos.

Fala aí, *changemaker*... é ou não é um processo bacana para experimentar?

Apesar das quatro etapas, todas bem estruturadas e com muitas vivências cada, é possível usar o Trabalho Que Reconecta em muitos contextos diferentes: em uma reunião de sua empresa ou organização, com sua comunidade e até individualmente.

Joanna começou a oferecer as vivências há mais de 40 anos. Quando retornei dos Estados Unidos, comecei a facilitar *workshops* do Trabalho Que Reconecta a *changemakers*, dando meu toque pessoal. Compartilho alguns dos depoimentos que recebi (só para você ter uma ideia do quão profunda essa metodologia pode ser):

> Não tenho muito a dizer além de que sempre olhei com muita desconfiança para esse tipo de processo e que o que vivi realmente mudou minha vida.
>
> – MB

> Tomar contato com a minha dor me ajuda a descobrir o que eu amo. Descobrir que minha raiva é sede de justiça. O vazio que me habita é bom, me dá espaço para o novo. E a aceitação dos meus medos é combustível pra coragem.
>
> – JL

> Se eu já tinha essa conexão com a natureza, agora, então, acredito que eu tenha tido a comprovação de que estou no caminho certo.
>
> – CF

Mais de uma vez ouvi as pessoas me falando que esse trabalho transformou a vida delas. Cada pessoa tem sua energia, seu jeitinho, seu olhar, e pode contar com a própria intuição e essência para facilitar um *workshop* com as vivências do Trabalho Que Reconecta. Não necessariamente todas as vezes que facilito *workshops* passo exatamente pelas quatro etapas ensinadas por Joanna. Muitas vezes, gosto de usar várias das referências que possuo – experiência no xamanismo, conhecimentos teóricos e práticos de Ecologia Profunda, reconexão com a natureza, técnicas de *coaching*... misturo tudo, acrescento vivências que aprendi com o Trabalho Que Reconecta e sigo!

Essa foi uma das maneiras que encontrei de poder oferecer às pessoas a oportunidade de um mergulho mais profundo no sentir, para além de toda informação disponível sobre o estado das coisas em nosso amado planeta.

Hoje em dia, em tudo o que faço – textos, palestras, aulas, vídeos, reportagens – me pergunto o quanto estou dando o meu melhor para tocar o coração das pessoas, para além de apenas informá-las. Tem dado certo. Tenho feito o povo rir, gritar, refletir, chorar. Ótimo.

PARTE 3

E AÍ VOCÊ FAZ E REFAZ A JORNADA: 10 PASSOS PARA VOLTAR AO CENTRO QUANDO FICAR COMPLICADO DE NOVO

– porque vai ficar

O caminho dos *changemakers* sempre é marcado por fortes emoções, geralmente bem paradoxais: vitórias e derrotas, excitação e cansaço, alegria e tristeza, compaixão e raiva, amor e ódio, tudo isso misturado com rotinas muitas vezes exaustivas ou então causas que exigem muito mais do que oito horas de trabalho em um dia (ops! Se você tem permitido isso, reveja).

Com tantas atividades e agitação mental, despendemos grandes quantidades de energia. Lembra que falei que precisamos nos cuidar? Pois é. Esses são alguns dos sinais. Quando a causa que defendemos gera mais tristeza que alegria, tem alguma coisa errada. E aí a rota é uma só: se cuidar. O caminho número um para isso pode até ser assistir uma série inteira no Netflix, sair para beber com amigos, dormir oito horas da noite, receber uma massagem, ir para um retiro. Essas coisas ajudam, mas dá para aprofundar. Vou te contar como tenho lidado, hoje, com o equilíbrio entre o meu servir com meu bem-estar pessoal.

1. RECONEXÃO COM A NATUREZA

Quando estou na natureza, meu senso de pertencimento é completo. Nada me falta.

Reconexão com a Mãe Terra é o primeiro passo que dou para voltar ao ritmo equilibrado na minha vida. E por que essa é a primeira coisa que faço? A gente é Gaia. Quando você vê uma fotografia do planeta, daquelas que mostram esse lindo círculo azulado flutuando no espaço... cadê você ali? Dá para achar seu rostinho na foto do satélite? Não. Dá *zoom in* planeta adentro e você se acha. Dá *zoom out* e você se torna o planeta.

Jeito figurativo de dizer que SOMOS o planeta. Se não somos a própria Gaia, me diz, por favor, de onde sua mãe mandou importar o suco que tomou, o ar que respirou, os legumes que comeu durante sua gestação. Por acaso aquela água que ela bebeu, ou a maçã que ela comeu enquanto estava grávida de você, foram importadas de Júpiter? Não. Vieram da Terra, de Gaia. Tudo o que sua mãe colocou para dentro do corpo dela, incluindo o ar que ela respirou, veio de um corpo maior chamado planeta Terra. Todas as suas células, ossos, órgãos, pés, sua orelha esquerda, os pelos do seu suvaco, tudo, você inteira existe porque a Terra deu para sua mãe tudo o que ela precisava para que você pudesse existir. A Terra está em cada mínimo detalhe do seu ser. **A Terra é você por completo. Somos feitos de planeta.**

Já dizia o cacique Seattle, em seu famoso discurso em (provavelmente) 1854, quando o governo norte-americano tentou convencê-lo a vender suas terras: "Não é a Terra que pertence ao homem. É o homem que pertence à Terra. Todas as coisas estão interligadas como o sangue que une uma família." E aí o que acontece quando nos desconectamos dessa conexão tão inata e profunda com a natureza? Adoecemos. Acredite.

Gostaria de trazer aqui um termo que foi cunhado pelo monge budista Thich Nhat Hanh: em inglês, *interbeing*. Em português, interser. É bem *ubuntu* mesmo: eu sou porque nós somos. Em uma palestra, Thich disse: "Não é possível ficar sozinho, estar sozinho. Você precisa de outras pessoas e outros seres para ser. Você precisa não só de pai, mãe, mas também de tio, irmão, irmã, sociedade, mas você também precisa de sol, rio, ar, árvores, pássaros, elefantes e assim por diante. Portanto, é impossível estar sozinho. Você 'inter é' com todos e tudo. E, portanto, 'ser' significa 'interser'. O ser humano é feito de elementos não humanos. Proteger os elementos não humanos é proteger o ser humano, não existe outro caminho."

Charles Eisenstein explica interser de uma maneira muito legal também. Ele diz: interser "é uma expansão do eu para incluir o outro. Amor é isso: quando você se apaixona por alguém, a felicidade dela é a sua felicidade. Você não é mais, apenas, um eu separado. Você é um amante, você é um casal, você é uma família, você é uma tribo, você é uma comunidade. E quando expandimos isso para incluir os outros seres da natureza, então fazemos parte da tribo de toda a vida na Terra. Portanto, qualquer coisa que desperte, confirme e fortaleça isso em nós é um guia, indicador ou uma tecnologia de reunião com partes rejeitadas e alteradas de nós mesmos."

Se somos a Terra, tudo o que existe à nossa volta também é. Existimos porque todo o resto existe. Por isso, quando pensamos no termo "natureza" como algo externo a nós, estamos na verdade limitando a nossa visão. Isso é consequência de 500 anos da "era de separação" que PRECISA acabar. "Fomos, durante muito tempo, embalados com a história de que somos a humanidade. Enquanto isso – enquanto seu lobo não vem –, fomos nos alienando desse organismo de que somos parte, a Terra, e passamos a pensar que ele é uma coisa e nós, outra: a Terra e a humanidade. Eu não percebo onde tem alguma coisa que não seja natureza", afirma o líder indígena Ailton Krenak em seu livro *Ideias para adiar o fim do mundo*.

E, na era da "re-união", a verdade da interconexão, de interser, deve inspirar nossas vidas. Somos mamíferos *homo sapiens* e cohabitamos essa esfera com outros seres. Como somos natureza e fazemos parte dela, e somos porque os outros seres são, e existimos porque seres não humanos existem, somos tão intrinsecamente unidos que, quando nos afastamos dos seres de outras espécies, passamos a sentir muita solidão, melancolia, sensação de vazio e de desajuste. A causa desses sentimentos todos pode ser a falta de natureza na vida.

Você consegue compreender o quanto a reconexão com a natureza é necessária? Richard Louv é um jornalista norte-americano que, por anos, pesquisou a relação de crianças do mundo inteiro com outros seres da natureza. Talvez até para sua própria surpresa, ele percebeu que obesidade, ansiedade, dificuldades de prestar atenção e depressão em crianças estavam associadas à falta de tempo criativo passado em ambientes naturais. E, ao fazer essa descoberta, ele cunhou o termo Síndrome de Déficit de Natureza. Os detalhes de sua pesquisa você encontra no livro *A última criança na natureza: resgatando nossas crianças do transtorno do déficit de natureza*. Após a publicação e com o passar dos anos, Louv constatou que os mesmos sintomas se aplicam a adultos. Resumindo, quanto menos tempo passarmos na natureza, maiores nossas chances de desenvolvermos estresse e variadas patologias de fundo emocional.

Na Austrália, conversei com uma incrível *changemaker* indígena, Aunty Brenda Matthews, do povo wiradjuri (ela lançou um documentário sobre a própria história chamado *The Last Daughter*, comovente e inspirador). É uma mulher que teve todas as razões possíveis para se revoltar – resumindo, ela foi roubada de sua família biológica pelo próprio governo quando era muito pequena e deliberadamente entregue para adoção a uma família branca – estratégia horrorosa utilizada para acabar com os aborígenes (!!!!). Após anos de buscas, seus pais a encontraram, ela foi devolvida e novamente teve que se readaptar.

Foi uma longa jornada até todos fazerem as pazes com o passado, mas não apenas isso. Como Brenda foi retirada do convívio com os aborígenes, ela cresceu sem muita conexão com a terra de onde veio, mas conseguiu fazer o caminho de volta, pois explica que essa conexão existe mesmo que às vezes não nos lembremos dela. E a prática do silêncio e da espiritualidade (que lhe foi negada, mas que ela resgatou) a ajudou. "Hoje, vejo que carregamos a história da terra em que estamos e à qual estamos conectadas". Silencie na terra onde repousam seus pés, para que você possa escutá-la. Natureza cura traumas, reativa memórias ancestrais, reenergiza, acalma a mente. Apesar de estar fazendo o mestrado dos meus sonhos, eu ainda estava sob as consequências do *burnout* que tive na Amazônia e, porque precisava terminar de pagar todo o curso e ao mesmo tempo andava super ocupada com estudos, obviamente meus tempos de Inglaterra foram, por meses, cheios de estresse. Para me reequilibrar, eu saía para caminhadas sozinha no bosque de árvores gigantes, encarava nadar naquele rio megagelado às sete da manhã, aceitava convites de outros professores, como naquela noite inesquecível na qual dançamos de pés no chão em volta da fogueira entoando cânticos africanos. Eu fazia o que podia para acalmar a minha mente na natureza. Até que, um dia, ela passou a falar "Karina, venha dormir sozinha na floresta".

Eu adiei esse chamado o quanto pude, mas ele passou a gritar comigo e a falar tão alto que, numa tarde, fui para a floresta, achei uma cabana feita de galhos, troncos e folhas, decidi que iria dormir ali e pedi permissão para os espíritos da natureza, para poder passar aquela noite lá. Permissão concedida, como já tinha passado do pôr do sol e logo ficaria noite, voltei correndo para o campus, peguei alguns sacos de dormir emprestados e impermeáveis e voltei correndo em direção à cabana. Ajeitei os galhos e coloquei mais folhagens no topo. Ela era tão pequena que eu tinha que entrar agachada. Só cabia meu corpo ali.

Primeira parte da noite foi incrível. Vi as estrelas, curti, me ajeitei feliz e dormi. Sonhei com um homem que vinha até a cabana, me cutucava e dizia:

– Que bom que você veio, que bom que está aqui!

Acordei. Uau, que sonho incrível, pensei. E voltei a dormir. Acordo no meio da noite com o vento soprando forte. E mais forte. Zummm... zummmm... zummmmm... começa a chover. A chuva vira tempestade.

– Meu Deus, que chuva é essa?

Passei a ouvir galhos caindo. Depois, algumas árvores tombando. E senti muito medo. Onde eu estava, não havia sinal de celular. Seria muito perigoso tentar voltar e a lanterna que eu tinha não iluminava muito bem. Eu não tinha saída. Teria que ficar. E foi aí que a lição começou, enquanto rezava morrendo de medo, com a cara voltada para o chão.

– E se uma árvore cair em cima de mim? Floresta, me protege, eu fui chamada até aqui!

E ouço:

– Karina, concentre-se. E faça um exercício de gratidão. Lembre-se de tudo e todos na sua vida que te possibilitaram estudar aqui.

E comecei... puxei o fio da memória e fui em ordem cronológica, um a um... situação a situação... e isso aos poucos foi me dando tanta alegria, e me acalmando tanto, que dormi.

No dia seguinte, despertei com uma alegria tremenda em uma manhã de sol. Com sorriso imenso e totalmente recarregada em todos os níveis do meu ser, voltei para o campus e encontrei alguns colegas na cozinha, que me contaram, surpresos, que eles acordaram à noite com a tempestade, seus raios e trovões, e que pensaram em mim lá fora. E que, pelo que haviam visto na internet, aquela tinha sido a tempestade mais severa dos últimos tempos. Dei risada... aiii, o que mais eu poderia fazer? Naquela noite recebi as boas-vindas, lições para a vida e, para ser sincera, adoraria poder dormir naquela cabana de novo. Aquela experiência em meio a todo o estresse que eu vivia me acalmou imensamente.

Quando o tema é nossa presença na natureza e seu poder de nos acalmar, interessante também falarmos da ecopsicologia, um campo interdisciplinar entre psicologia e ecologia que investiga a relação entre saúde mental e conexão com o mundo natural, onde bem-estar do planeta é intimamente conectado com bem-estar humano. A interconexão passa pelo campo biológico, psíquico e espiritual e, para essa corrente de práticas e de estudo, a questão psicológica dos humanos está na raiz da crise ambiental. A ecopsicologia é bastante inspirada pelos princípios da Ecologia Profunda.

Nossa interconexão com tudo o que existe é um fato. A noção de separação simplesmente não é real. É tempo de lembrar. Novos tempos surgem e esses pensamentos, que até hoje impactaram enormemente a nossa maneira de estar no mundo, devem ficar para trás.

Kaká Wera é indígena tapuia, escritor, educador, terapeuta e empreendedor social. Em uma de suas palestras, disse o seguinte: "Quanto mais temos consciência de nós mesmos, mais nos percebemos parte de um todo. Desde um ponto de vista ancestral, reconhecemos que no mais profundo de nós mesmos não existe separação entre eu e o fora. Existe verdadeiramente um reconhecimento de que nossa natureza não é separada. Somos o desdobramento de uma só unidade."

Quando vemos que graças a quatro séculos de intensa exploração da natureza estamos tendo que encarar as mudanças climáticas como o maior problema a ser enfrentado pela humanidade, é justamente porque o que quer que aconteça às partes afeta o todo. E porque estamos interconectados, é claro que o sofrimento que infligimos aos outros seres ou toda alegria e paz que proporcionamos trará – como já traz – consequências sobre cada um de nós.

A natureza nos acalma imensamente. Quando vamos para uma floresta, nadamos em uma cachoeira, assistimos ao pôr do sol, subimos em uma árvore, ouvimos pássaros cantar, nadamos no mar, andamos descalços em um gramado – claro, com telefone devidamente desligado – nossa mente naturalmente se acalma. Quando prestamos atenção nos detalhes de uma árvore, uma flor, quando, em estado de presença, admiramos a beleza das nuvens, percebemos o vento... nossa mente se acalma.

Mente normalmente pensante e ativa está em estado beta de ondas cerebrais. Quando mais calma – em estado meditativo ou de sono –, essas ondas entram em estado alfa. Em alfa estamos em relaxamento, o que, por sua vez, aguça nossa capacidade de conexão interior e intuição. Com a mente tranquila e em estado de presença, se ficarmos atentos o suficiente, perceberemos que dentro de nós, aos poucos, sentimentos de baixa vibração como raiva, ciúmes, medo, angústia, solidão, agitação dão lugar aos de vibração mais elevada. Nos sentimos mais conectados, amplificados, alegres, em paz. É como se, por instantes, recuperássemos a lucidez de nossa essência mais pura e entrássemos em contato com o divino dentro de nós. Abrimos espaço para mais criatividade, ficamos mais aterrados e conscientes.

Existem tantas publicações que comprovam os benefícios do contato humano com os outros seres da natureza! O artigo científico "Humans and Nature: How Knowing and Experiencing Nature Affect Well-Being", escrito por cientistas da British Columbia, Stanford University, Universidad Nacional Autonoma de México e Duke University, cita estudos que comprovam que enxergar – veja bem, estou falando enxergar – a natureza já diminui sensação de estresse em ambientes de trabalho. Funcionários relataram sentir mais satisfação profissional e pessoal, capacidade para manter a atenção, autodisciplina, paciência, saúde, além de redução de estresse e de fadiga mental. Inclusive, foi comprovada a redução de estresse quando dirigimos em áreas onde vemos a natureza, em comparação com ambientes urbanos. Se só em olhar a natureza já nos sentimos melhor, imagine então os benefícios quando, de fato, nos colocamos em contato direto com ela!

Os autores afirmam que os benefícios do contato com a natureza para o bem-estar humano são muitas vezes intangíveis e estão nos níveis psicológico, cultural, filosófico, social e espiritual. Não à toa, em diversos países, a prática de tratar pacientes com problemas mentais levando-os à natureza tem se tornado cada vez mais comum.

Ainda conforme esse estudo, imersão na natureza nos ensina a ser mais generosos e nos inspira a vontade de cuidar. Os benefícios do contato com a natureza podem, inclusive, ser espirituais – e como são! "Uma revisão da pesquisa empírica sobre a exposição à natureza e bem-estar pressupõe que tais experiências espirituais/transcendentes proporcionam maior autoconfiança, senso de pertencimento e clareza sobre o que realmente importa", afirmam os autores.

Quero te lembrar do primeiro princípio da Ecologia Profunda, que diz que toda forma de vida é sagrada e tem valor intrínseco independente de seu uso para benefício humano. Por tudo isso, a natureza não deve ser vista como um parque de diversões, um spa, um pote de dinheiro (ou vai para se divertir, ou para relaxar, ou para explorar). Tente exercitar vê-la como templo – um lugar para onde você vai quando precisa se conectar consigo e com o divino.

E se nos lembrarmos disso quando formos à praia surfar ou então subirmos uma montanha? E se, antes de começarmos a relaxar e nos divertir, simplesmente disséssemos... "olá!" "Olá, mar, bom te ver hoje, obrigada por me receber aqui!". "Olá, praia, muito obrigada por toda alegria que você me traz!". "Olá, floresta, peço licença para estar aqui, muito obrigada por me receber!". "Olá, cachoeira, com licença, muito obrigada por me receber e por cuidar de mim e me ajudar a me sentir melhor!". "Oi, árvore, posso te abraçar?". Eu garanto que você vai se surpreender com a diferença que faz tratar a vida como viva! Ah, e recomendo sempre agradecer. "Obrigada mar, foi ótimo estar com você!". Uma vez ouvi uma frase que gostei muito. "Quando abraçamos uma árvore, ela nos abraça de volta". Verdade.

Tem um livro muito legal chamado *As Cartas do Caminho Sagrado – a descoberta do ser através dos ensinamentos dos índios norte-americanos*, de Jamie Sams. É um oráculo, mas para mim é o resgate de uma sabedoria milenar. Nele, a autora explica tradições filosóficas e espirituais de inúmeros povos nativos da América do Norte. Em vez de "árvores", eles falavam "povo-em-pé". Em vez de "pedras", diziam "povo-de-pedra", em demonstração de respeito pelo que temos a aprender com os outros seres. Em suas festas, tradições eram realizadas de maneira sagrada a lembrar os antigos ensinamentos, com a conexão e a reverência pela Terra. Inspirador demais.

"A aldeia krenak fica na margem esquerda do rio, na direita tem uma serra. Aprendi que aquela serra tem nome, Takukrak, e personalidade. De manhã cedo, de lá do terreiro da aldeia, as pessoas olham para ela e sabem se o dia vai ser bom ou se é melhor ficar quieto. Quando ela está com uma cara do tipo 'não estou para conversa hoje', as pessoas já ficam atentas. Quando ela amanhece esplêndida, bonita, com nuvens claras sobrevoando sua cabeça, toda enfeitada, o pessoal fala: pode fazer festa, dançar, pescar, pode fazer o que quiser", conta Ailton Krenak.

Tudo tem vida e os outros seres falam com a gente o tempo todo. Só não ouve quem não quer. As árvores, por exemplo, nos pedem para despertarmos e nos lembrarmos de quem realmente somos. Elas são tão sábias! Compartilho aqui mais algumas palavras de Dorothy Maclean do livro *O chamado das árvores*, seres maravilhosos dos quais ela passou a receber mensagens em 1965: "Como os mais velhos incentivando um jovem adulto a crescer e atingir a maturidade, as árvores nos incentivam a desenvolver um novo relacionamento com a natureza. Aprendemos que as árvores não são apenas as guardiãs, mas também a pele da Terra. A natureza não é uma força crua cega, mas uma presença inteligente que não só é capaz, mas também está ansiosa para se comunicar e cooperar com uma humanidade desperta. As árvores estão nos chamando para casa, para nós mesmos e para o trabalho de restauração de nosso planeta."

Quando nos comunicamos e tratamos os outros seres da natureza de forma reverencial e sagrada, nos conectamos com a sabedoria ancestral de muitos povos nativos da Terra. Abrimos espaço dentro de nós para o sentimento de maravilhamento e com isso expandimos nossa capacidade de realização e alegria interior. Observar atentamente um passarinho cantar pode nos trazer de volta sentimentos de amor e inocência, gentileza e beleza, alegria e paz, tão necessários à saúde mental, emocional, física e espiritual.

A natureza fala. Aponta caminhos, mostra sinais. Graças aos ensinamentos deixados pelos povos nativos norte-americanos aprendi, por exemplo, que cada animal traz uma mensagem. Que se uma coruja cruzar o meu caminho, isso é sinal de que preciso olhar para minha sabedoria interna. Se eu sonhar com um coiote, pode ser que eu precise aprender a rir mais de mim mesma. Se uma formiguinha chamar minha atenção, eu talvez deva observar a maneira como trabalho. Que se um cachorro chegar até mim sem eu o chamar, ele talvez esteja me trazendo a lição da fidelidade comigo mesma e a questão da lealdade em relação a outras pessoas. Que se o vento vier do Sul, talvez seja um sinal para eu brincar mais. Que se vier do Oeste, talvez seja o momento de eu entrar em minha caverna e internalizar. Se vier do Norte, pode significar me conectar com meus ancestrais. Se vier do Leste, talvez eu deva fazer uma prece.

Ao olhar as nuvens, você pode ter um *insight* que vai mudar sua vida. Tive uma das maiores lições de humildade da minha vida quando me vi subindo uma montanha, carregando uma cadeira, enquanto uma formiga carregava uma folha – não havia diferença entre nós. Senti uma empatia enorme por ela. Aprendi muito sobre doçura observando como uma vaca tratava seu bezerro na fazenda ao lado de onde eu morava, na Inglaterra. Cada vez que ouço um bem-te-vi cantar, sinto que é como se Deus estivesse me dizendo "estou te ouvindo".

Na Amazônia, durante a primeira viagem na qual levei o Luiz Calainho para práticas de autoconhecimento e Ecologia Profunda na floresta, vimos uma árvore gigante caída no meio do rio. Estávamos em um barquinho e nossa intenção era passar por aquele canal do rio, mas a árvore não deixou. Em vez de simplesmente virarmos as costas e procurarmos outro canal para passear, pedi ao barqueiro que desligasse o motor e que ficássemos os três em silêncio contemplando aquela imagem. Fim de tarde ensolarada, rio refletindo as cores e nuvens do céu na água, pássaros cantando e uma enorme árvore caída, bloqueando a passagem. E o que me ocorreu pedir que todos fizéssemos foi primeiro observar a beleza da cena. E depois fiz o convite para refletirmos na mensagem que a visão daquela árvore trazia sobre nossas próprias vidas. O que precisava cair? O que já havia morrido e ainda não havíamos aceitado? O que o fim dos ciclos traz de novo? Tivemos ótimos *insights*.

Porque nos acalma, faz bem à saúde, é legal, nos conecta com a teia da vida, abre espaço para a manifestação intuitiva, nos lembra que estamos todos lindamente conectados, reequilibra nossas forças, purifica nossa energia... considere passar tempo regularmente na natureza. Acredite, as árvores, os pássaros, o mar, o céu, a cachoeira... compreendem e abraçam a alma humana para além de nosso entendimento. Quando nos voltamos para outros seres em estado de humildade e entrega, abrimos um canal de comunicação com a alta espiritualidade, com o divino em nós. Diminuem o estresse, solidão, melancolia, agitação mental, baixa vibração; aumentam a calma, pertencimento, compreensão, conexão. A reconexão com a natureza é a maior medicina da atualidade. E nós definitivamente podemos contar com ela para seguir a caminhada de maneira mais leve e saudável.

Qual foi a última vez que você passou um tempo sozinho, em silêncio e sem *wi-fi* na natureza?

Como você se sentiu? Liste suas sensações e emoções.

Você sentiu alívio? Liste as sensações pesadas que ficaram mais leves ou até desapareceram depois de um tempo na natureza.

Quando e com que frequência gostaria de fazer isso de novo?

Quais são seus lugares na natureza onde sente mais calma, alegria e conexão?

2. RECONEXÃO COM VOCÊ MESMO

Quanto mais a gente procura se conhecer, mais interessante fica. Viver uma vida consciente é conseguir se fazer perguntas e respondê-las com o máximo de integridade que você conseguir ter. Então é o seguinte: está difícil demais? Tem sentido pouco tesão ao empreender o que antes parecia a coisa mais incrível do mundo? Sente que chegou a hora de mudar de direção? Não sabe o que fazer para se reinventar? Pergunte-se por que e como. Olhe para dentro, conheça-se.

Ou então: tudo parece perfeito. Você tem sucedido em suas empreitadas, sua família anda bem, você está em um bom relacionamento e ganha um bom salário, mas você nota um tic tac ininterrupto te lembrando que algo além aí dentro não vai muito bem. Isso pode estar relacionado com a sua causa, pode não estar, mas no fim das contas, o caminho é o mesmo: autoconhecimento.

"Mas até parece que isso é simples né, Karina?"
Não é. Conhecer-se é complexo. Passa por olhar as sombras atentamente e atravessá-las. Negacionismo climático não vai resolver o problema do aquecimento global, negacionismo do racismo não vai resolver esse problema, negacionismo do totalmente absurdo desmatamento da Amazônia não vai protegê-la,

> *assim como negacionismo de nossas próprias dores e insatisfações nunca irá resolvê-las, apenas adiá-las até o dia que seu sistema pifar e você somatizar algum problema de saúde física, emocional, mental, espiritual. Olhe-se, mergulhe para dentro, construa uma rede de apoio, procure apoio, terapias, retiros, pessoas que te ajudem a clarear o que se passa. Se não atravessamos momentos de dor e os experienciamos, não vamos, igualmente, sentir uma maravilhosa alegria.*

Eu fui uma negacionista pela metade. Quando estava lá no olho do furacão, enquanto morava na Amazônia, eu sabia que sofria todo santo dia ao ver a floresta morrer mais a cada segundo que passava, mas eu não tinha "tempo" de aprofundar nisso, "não dava". Tic tac tic tac tic tac... eu tinha muita coisa para fazer, a Amazônia em chamas, pessoas morrendo, não dava para parar e participar de um retiro, e nem o terapeuta da época sabia o que se passava comigo porque eu não podia parar para sofrer o meu luto por ver a Amazônia morrer todo dia. Em meu processo de negação de minha própria dor, eu "tinha" que trabalhar ininterruptamente para quiçá ajudar a salvar algum hectare dela. Não dava para "perder tempo" falando disso em terapia, eu "já sabia" o que fazer. Tic tac tic tac tic tac... por bênção da vida e da floresta, ela me disse para parar e o resto da história você já conhece.

Naquela época, dois lados falavam alto dentro de mim. Um deles eu conhecia. O outro, não. O que eu via era o meu imenso amor e entrega a uma causa, a proteção da Amazônia, e isso me dava todo gás e força de que eu precisava para seguir. O lado que eu não via foi o de, aos poucos, o meu desespero sufocado ao ver a destruição da floresta alimentar uma parte do meu ego que queria se sentir indispensável dentro do enorme espectro que envolve protegê-la. A tempo, me salvei e me curei de mim. E isso aconteceu porque eu parei tudo para olhar profundamente para dentro.

Quem sabe, se você se encarar ao longo do processo e procurar se ouvir a cada tic tac, você nunca precise parar tudo, assim como eu precisei. E, caso sinta que, assim como eu um dia, você hoje precise de um tempo, dê-se isso. A causa que defendemos nos quer leves, fortes e felizes, nada menos do que isso. Ela precisa da gente bem para continuar existindo em benefício do mundo.

Como você avaliaria seus níveis de energia emocional, física, mental e espiritual em relação à sua causa nesse momento?

O que você poderia fazer para se sentir melhor em todos esses níveis?

Você consegue perceber suas emoções em diferentes momentos de sua jornada de trabalho e atuação?

3. ACEITA: VOCÊ NÃO VAI SALVAR O MUNDO

Algo muito legal que eu gostaria de ter internalizado quando decidi escrever minha primeira reportagem como ativista ambiental: é IMPOSSÍVEL salvar o mundo. No mínimo, vamos melhorá-lo para as gerações seguintes continuarem o trabalho. É inimaginável o peso nas costas quando nos sentimos responsáveis por "salvar o mundo". Esquece. Tire isso da sua cabeça e faça a parte que lhe cabe, APENAS.

Fui para a Amazônia para me juntar às pessoas que trabalhavam por sua proteção e eu quis e quis e quis que meu trabalho resultasse em zerar o desmatamento. Nunca aconteceu. Eu apenas contribuí com esta causa da maneira que pude, até onde meus braços alcançaram – hoje falo isso com bastante consciência, mas naquela época eu me cobrava tanto que, em vez de celebrar cada gotinha de água jogada sobre a floresta em chamas, como conta a fábula do beija-flor, eu me frustrava porque não via o desmatamento realmente diminuindo como eu trabalhava pra ver acontecer. Se eu tivesse celebrado mais cada passinho, teria me frustrado menos.

Quando comecei o Reconexão Amazônia, já te falei: o primeiro sonho foi já querer que as oito bilhões de pessoas do mundo inteiro amassem a floresta como eu amava – na minha cabeça era o seguinte: se eu consigo amar a Amazônia, então vou apoiar outras pessoas a também conseguir. E, com mais amor pela floresta, vamos todos agir para protegê-la cada dia mais. Lindo sonho, né? Mas inalcançável para a velocidade do querer baseado em meu senso de urgência. Frustrações depois, compreendi finalmente que só ama quem está pronto, só age quem está pronto, só se melhora quem está pronto, só abre os olhos quem está pronto, só eleva a consciência quem está pronto e nem todo mundo caminha no mesmo ritmo.

Passei a aceitar, depois de umas lições da vida, que eu não vou mudar o mundo e nem ninguém. O máximo que posso fazer é A MINHA PARTE para que as coisas fiquem um pouquinho melhores e confiar que meu trabalho hoje, por menor e mais simples que seja, um dia vai causar um impacto positivo em alguém ou algum lugar.

Hoje já não tenho mais expectativas quanto ao despertar de outras pessoas, porque percebi essas duas coisas: cada um tem o seu tempo para compreender e o máximo que posso fazer é compartilhar COM QUEM QUER escutar o que eu porventura tenha a dizer. A gente só tem autoridade e poder mesmo, mesmo, mesmo, para mudar o que está dentro de nós. O que se passa dentro do outro é um passo que só o outro pode dar.

> *Portanto, quando ficar desafiador de novo, lembre-se disso com bastante humildade e calma: você não vai salvar o mundo, você não tem a obrigação de melhorar a ninguém. Você só pode fazer a sua parte e esperar que algo bom respingue em alguém, de alguma forma. Você só pode compartilhar o que sabe e não tem controle nenhum sobre como esse seu compartilhar vai chegar nas pessoas, porque cada um tem o seu momento.*

Eu sei, às vezes dá vontade de acelerar uma galera que parece estar dormindo demais, zumbi demais, mas acordar é uma escolha individual. Se você agir, se for exemplo, se oferecer apoio para alguém e essa criatura ainda escolher não acordar, seja de maneira consciente ou inconsciente, é simples: cuide da sua vida, de você, e quando essa pessoa te pedir ajuda, pode ser que seja o momento. E se não for, saiba o momento certo de virar as costas.

Você se percebe muito preocupado com o estado do mundo? Acha que os dinossauros eram muito melhores que os seres humanos? Que poderia cair outro meteoro por aqui? Então senta, relaxa, porque esse pode ser um sintoma relacionado à urgência de querer salvar o mundo.

Você sente raiva quando as pessoas não percebem a importância clara, cristalina, transparente e óbvia da causa que você defende? Então lembra aí que cada um desperta no seu tempo e trabalhe a calma e a compaixão. Busque apoio para se acalmar.

Faça uma lista com todas as coisas que você já faz para tornar o mundo melhor e sincera e honestamente se parabenize por isso.

Um exercício para sentir compaixão é lembrar de você mesmo, de seus pensamentos e atitudes quando ainda não havia "despertado", digamos assim. Quem não te ouve é você ontem. Paciência.

4. GAIA NÃO É UMA VÍTIMA DOS HUMANOS

Olha, essa foi a lição que mais me marcou durante todo o meu processo de recuperação do *burnout*. Precisei de três dias de um ritual espiritual intenso, com uma planta de poder, até finalmente compreender, no fundo da alma, que quando eu colocava o planeta como vítima da humanidade eu estava, na verdade, diminuindo o poder de Gaia.

Gaia é puro poder.

Quando ela quiser, basta dar uma chacoalhada nos quadris para acabar com toda a humanidade. Ela se autorregula há quase 5 bilhões de anos, mas acabar com a nossa existência aqui não é o que ela quer.

O que temos feito com o planeta é absurdo e temos obrigação moral e espiritual de reagirmos para arrumar nossa bagunça. Isso não é o mesmo que afirmar que o planeta é vítima dos humanos. À Gaia não cabe esse papel. Ela é, sim, um ser poderoso que tem tido muita paciência. Uma hora, sua paciência acaba. Melhor a gente não esperar para ver.

Como afirmou o Papa Francisco no documentário *A sabedoria do tempo*, Deus perdoa sempre. Nós, humanos, perdoamos de vez em quando. A natureza não perdoa nunca. Gaia cobra nossa responsabilidade – o desequilíbrio que temos causado a ela, temos recebido de volta. Essa mãe é forte, amorosa, resiliente, generosa, mas também é disciplinadora.

Sempre me lembro disso. Não preciso salvar o planeta, quem sou eu... mas devo, sim, dar sempre o meu melhor, conforme as minhas forças.

5. DÊ UM TEMPO

Pausar é uma necessidade vital.
A natureza ensina isso.

As quatro estações são necessárias para que a vida floresça e continue em evolução. O inverno é esse período em que fica mais evidente o quanto pausar é necessário. Durante esse momento do ano, muitas plantas entram em estado de dormência e outras, de clima temperado, reduzem seu crescimento. Assim, poupam energia para recomeçar na primavera.

Nós somos como as plantas. Não dá para ser sempre primavera – florescendo sem pausa. Ou verão, com a energia sempre alta. Ou outono, sempre dando frutos, e por fim inverno, sempre na toca, para dentro, estocando energia. Nós somos natureza e dentro de nós temos esses mecanismos de autodefesa e de vida, essa é a função das quatro estações.

Desacelere SEMPRE que sentir necessidade. Respeite-se. Conheça-se o suficiente para saber se sua pausa não é uma fuga, preguiça, autossabotagem ou procrastinação. Pausas saudáveis para o autocuidado são necessárias para que a caminhada possa continuar.

Nós temos as quatro estações dentro da gente.
Em qual delas, internamente falando, você está?

Você está feliz nessa estação ou sente
que é hora de avançar?

Tem se permitido momentos de pausa?

Quais passos você deve dar, neste momento,
para que consiga ter mais pausas e momentos
de reflexão, alegria e quietude em sua vida?

6. TENHA REDES DE APOIO

É muito bom poder dividir a paixão por uma causa com outras pessoas. Minhas memórias mais felizes no trabalho em meus tempos de Amazônia são de quando eu me via em meio a uma equipe altamente apaixonada pelo que fazia. Passávamos perrengues e bons momentos juntos e a vitória de um era a de todos. Tem também os trabalhos que são mais solitários, daqueles que damos conta na sala de casa ou no *coworking*, onde reuniões acontecem *online* e há pouca troca presencial.

Sendo seu trabalho mais para um lado ou mais para outro, o que importa é que você sinta que tem uma ou mais redes de apoio, pessoas com as quais você pode contar quando precisar de ideias, *feedbacks*, colo, ouvido, mão. Tenho amigos com os quais converso sempre que preciso de uma luz, ou mesmo me sentir bem acompanhada, nesta jornada gloriosa que é a vida de quem quer mudar o mundo. Falar com eles faz muita diferença!

Quem também resolveu abraçar uma causa não vai te julgar e desencorajar, vai te entender. Há uma boa chance de essa pessoa saber muito bem como você se sente. Rede de apoio também pode vir de amigos, família, grupos de meditação. Você sabe quais são as pessoas que pode procurar quando precisar de apoio? Saiba a quem recorrer nessas horas.

O que mais importa aqui é você SABER que nunca está só e que pode – e deve – contar com pessoas incríveis ao longo da jornada. E, claro: ofereça apoio também. Rede é isso: dar e receber.

Quais são as quatro pessoas mais importantes da
sua vida e para as quais você poderia ligar
para conversar sobre seus desafios atuais
em relação à sua causa?

Quais são as pessoas com as quais você poderia
se conectar para tocar seus projetos profissionais
com mais apoio e consistência?
Quem pode te ajudar?

Se você já tem redes de apoio, como tem sido
sua relação com elas? Sente-se bem?
O que você poderia propor para fortalecer ainda
mais a relação entre vocês?

7. PERMITA-SE A FLEXIBILIDADE

Quando saí de São Paulo, eu tinha acabado de me transformar numa jornalista ambiental autodidata que fazia reportagens sobre a natureza da cidade. Daí senti que tinha que mudar para a floresta. Virei ativista na Amazônia. Daí comecei a fazer TEDx. Depois me mudei, conheci a Ecologia Profunda, fiz um mestrado, passei a dar aulas, palestras, *workshops*. Virei *coach* de *changemakers* e agora me transformo também em escritora... mudei tudo? Não. Flexibilizei, aumentei meu repertório e evoluí em minha potência para servir.

O convite ao movimento é interno e externo. E a flexibilidade inclui a aceitação de que nossa maneira de atuar no mundo passa por várias fases, ela não permanece estática, pois evolui conforme a gente evolui. "A forma pode mudar, mas o propósito é perene", me falou o Fabio Novo, sabiamente. Grandes chances de isso também acontecer com você. Devemos estar atentos para perceber quando o que fazíamos antes não ressoa mais com quem somos hoje. Não resista.

Outro ponto importante em relação à flexibilidade é que, quando deixamos o coração no comando, pode ser que ele te peça coisas que sua razão queira contestar. O meu faz isso direto comigo. Morei em 6 países (Brasil, Espanha, Itália, Estados Unidos, Inglaterra e Austrália) e 13 cidades diferentes (São Paulo, Manaus, Belém, Rio de Janeiro, Barcelona, Treviso, San Francisco, Portland, Totnes, Ocean Shores, Gold Coast, Mullumbimby, Byron Bay) em 22 anos da minha vida – nunca planejei morar em nenhum desses lugares, tá? A vida me convidou a essas mudanças das maneiras mais surpreendentes e só fui dizendo SIM. Cada um desses lugares me chamou e eu sempre soube quando havia chegado a hora de partir. Foram 13 recomeços "do zero" e já sinto o décimo quarto a caminho; em todos os casos, tive que me adaptar, fazer novos amigos, encontrar um lar, trabalhar até o ciclo se fechar e eu ter que desapegar, agradecer e novamente partir rumo a, literalmente, novos horizontes.

Cada um desses lugares me ensinou muito e me ajudou a ser quem sou hoje. Eu não cresceria tanto se não tivesse me permitido todas essas experiências. Esses foram exemplos da minha vida que mais uma vez usei para ilustrar para você como é o poder da flexibilidade, o convite ao salto. No meu caso, eles envolveram mudanças de casa, cidade e país, com minha profissão e atuação no mundo crescendo e mudando junto comigo. E para você, o que pulsa nesse momento? O que pede para nascer? E para morrer? Qual será o seu próximo salto? Enquanto existir vida, espero que você sempre opte por saltar como puder – o universo tem infinitas possibilidades. Ache as suas e salte.

Uma vez eu estava caminhando na Amazônia por uma trilha que eu conhecia, que fica dentro de uma área de floresta enorme, dentro de uma propriedade particular. Eu só tinha feito esse caminho com um ex-namorado, um cara mega da natureza, com ele eu não tinha medo de ir para lugar nenhum. Ele estava lá também, mas naquele momento de nossas vidas o nosso relacionamento havia chegado ao fim.

Eu estava triste quando senti um chamado muito forte me mandando para dentro da floresta – eu teria que fazer aquele percurso sozinha. E fui. Em determinado momento, senti como se meus pés tivessem sido atados ao chão por forças invisíveis. Eu simplesmente não consegui dar mais nenhum passo. E disse: "Uou, tem alguma coisa aqui. *Ok*, o que é?" E enxerguei uma linda árvore, um angelim, à direita da trilha. Entendi. Olho para ela, abro meus braços ainda com aquela sensação dos meus pés fincados no chão e digo: "Tô aqui, pode falar".

Neste momento, de olhos abertos, minha visão espiritual se abre e passo a enxergar toda floresta em átomos. Comecei a ver tudo se mexendo, tremendo. Átomos em movimento. Fecho os olhos depois de um tempo, entregue àquela experiência que me tomava por completo. E, com meus olhos fechados, vejo aquela floresta, com aquela árvore bem na minha frente, morrendo e renascendo. Vi árvores caindo e outras nascendo, mais árvores caindo, outras nascendo. Neste instante, ouço telepaticamente: "Esta floresta que você enxerga hoje não esteve sempre assim. Muitas árvores aqui tiveram que nascer e morrer, ao longo dos séculos, para que a floresta existisse como você a enxerga hoje. A transformação constante é necessária à manutenção da vida." Comecei a chorar. E ela complementou: "Aceite a transformação."

Aquele angelim me ensinou, a floresta me ensinou que, sem o movimento constante, sua vida não seria possível, e comigo acontecia a mesma coisa. Qualquer resistência da minha parte a qualquer mudança que se fizesse necessária na minha vida seria contrária à minha própria evolução. Naquele dia, precisei aceitar que ali eu vivia um ponto final. E aquele dia me preparou para os próximos países e cidades, renascimentos, inícios e fins que eu viveria dali por diante.

Aprendi que flexibilidade e aceitação das mudanças que sentimos necessárias fazem parte de nosso próprio sistema de defesa em ação. É o nosso corpo, é a nossa alma dizendo que por ali já não há mais crescimento, que novos alimentos são necessários, que novos horizontes nos chamam.

Não há garantias. Os galhos que caem são os mais rígidos. Por mais que haja medo, que outra opção temos senão ouvir nossa bússola interna? Não podemos fingir que não vemos o que vemos. No momento certo, espero que você faça todas as transformações que sente serem necessárias para a manutenção da sua vida.

Existe alguma coisa em sua maneira de atuar que precisa de aperfeiçoamento nesse momento?

Você está com vontade de aprender coisas novas? O quê?

O que ainda faz sentido?

O que já não faz mais sentido?

O que, em sua vida, tem te pedido mais flexibilidade?

O que você sente que precisa mudar?

Você sente medo? Se sim, que medos são eles? Faça uma lista de como você poderia compreendê-los e superá-los.

8. CONFIE NO FLUXO DO UNIVERSO

Uma vez ouvi uma frase muito potente de um xamã e isso ficou em minha cabeça. Ele disse: "Pensamento gera imagem, imagem gera emoção, emoção libera energia para a materialização". Aprendemos isso com a física quântica.

> *Quando queremos algo do fundo da alma e temos certeza absoluta do caminho e do que queremos, quando não apenas sabemos de algo intelectualmente, mas sentimos esse querer que vem do comando da alma, os caminhos de abrem, sonhos se realizam e a realidade acaba moldada por nosso mais profundo querer.*

Somos testados o tempo todo. Parece que o universo olha para a nossa cara e pergunta "Quer isso mesmo? Quer mesmo? Acredita nisso mesmo? Sente isso mesmo?"

Esses testes aparecem por meio de desafios que temos que superar. Algo que sempre digo é que estar em *flow*, no fluxo, não significa de jeito nenhum ficar com a bunda no sofá esperando o sonho cair do céu. Significa acreditar, ter fé acima de tudo e caminhar. Você vai pular um buraco aqui, subir uma montanha ali, driblar um objeto voador acolá... e vai seguir, até conseguir. E consegue.

Eu sou o tipo de pessoa que sempre pula a parte do planejamento, para desespero de alguns dos meus colegas *coaches*. Parafraseando Descartes, já que discordo totalmente do que ele disse (a famosa frase "Penso, logo existo"), eu diria:

Sinto, logo penso. Logo, existo.

Quando tenho certeza do caminho a seguir, sinto lá no fundo da alma o que fazer. A certeza é tão absoluta que não há nem espaço para o mental. Todo e qualquer questionamento sobre comos e porquês são totalmente insignificantes. Eu sinto a direção e começo a caminhar, muitas vezes sem enxergar nada pela frente. Eu simplesmente não tenho a menor ideia do que vai me acontecer e de para onde a vida vai me levar. Só sei que preciso seguir.

É como se Deus falasse comigo muito claramente. Ele me dá a direção através da minha intuição, do meu sentir, das sincronicidades com tamanha potência que caminhar para diante é sempre minha única opção. É arriscado. Fazer isso pode te atirar em zonas de desconforto enormes, onde seus medos serão desafiados, suas crenças limitantes, quebradas. Seus apegos, desfeitos. Sua vitimização, escancarada. Sua solidão, exposta. O processo de se entregar ao chamado da alma precede um expurgo, uma limpeza profunda de todas as coisas que nos limitam.

E aí, concomitantemente, nascem outras etapas desse processo. Imagina só o que você será capaz de fazer quando tiver altas doses de desprendimento, coragem, confiança em si e no universo? Imagina só o que pode acontecer quando você passar a conhecer pessoas incríveis que nem imaginava antes e quando passar a fazer, pensar e sentir coisas que nunca antes havia passado pela sua cabeça? Imagina o quanto você se sentirá potente para melhorar esse mundo quando perceber que os julgamentos dos outros já não te afetam tanto – ou, inclusive, nada?

O caminho para a liberdade e a plenitude está aberto a todos, mas quantas são as pessoas realmente dispostas a passar por esses ritos de iniciação? Porque se trata disso: começar e recomeçar, deixar muitas coisas e pessoas para trás para seguir adiante porque a alma requer alto nível de entrega e confiança. A beleza enorme desse processo é que, quando confiamos no universo, ele retribui, ele é justo. Novamente: se confiamos 20%, ele nos devolve 20%, mas se nos entregamos 100%, ele retribui com 100%.

9. OBSERVE AS SINCRONICIDADES

De novo, Carl Jung chama a sincronicidade de "coincidência com significado". Quando estamos em alinhamento com a vida, com nosso chamado maior, a lei do mínimo esforço realmente entra em ação.

Minha vida é isso. Quando me entrego, quando olho para cima e digo "estou aqui para te servir, me usa" e me ponho a observar, noto que realmente recebo sinais. É como se fossem pistas apontando um mesmo caminho. Não ignore isso. Outro exemplo da minha vida: antes de vir para a Austrália, fui orientada a imediatamente acender uma vela, a rezar e me apresentar aos espíritos dos ancestrais desta terra. Assim fiz. Duas semanas depois, encontro uma pessoa que me ensina que, ao colocarmos as mãos nas axilas, elas ficam com o cheiro do nosso suor e que, se colocarmos as mãos em uma árvore, nosso cheiro fica na árvore e essa é uma maneira de nos apresentarmos aos espíritos do lugar. Assim fiz.

Mais de um ano se passou quando vi um senhor aborígene em um restaurante. Não consegui parar de chorar, ao vê-lo. Não tinha ideia do motivo até que não aguentei e fui falar com ele. *Uncle* Jumma Jumma, o ancião com a maior autoridade do povo jaithmathang, que um dia habitou os alpes da Austrália, me olha sorrindo e diz: "Eu estava me perguntando quanto tempo mais iria demorar até que você falasse comigo." Nos abraçamos e ali mesmo começamos uma amizade gostosa.

Dali em diante, passei a encontrar muitos indígenas pelo caminho: em festivais, sendo convidada para ir em suas casas e indo, recebi conselhos, colo, palavras de sabedoria e aprendizados para toda uma vida. E passei a ouvir, de meus amigos australianos brancos: "Nossa, os indígenas se abrem tão fácil para você. Olha, isso normalmente não acontece, viu? Eles não são assim com todo mundo." Eu achava isso estranho, porque minha conexão com eles sempre foi tão natural, mas com o tempo vi que realmente eles são bem reservados. E assim, diante de todos os desafios que a Austrália me apresentou, sempre me senti protegida pelos ancestrais deste país.

Um dia me encontrei com Jumma Jumma em Sydney. Eu estava com passagem marcada para voltar para casa no dia seguinte. Estávamos comendo uma pizza quando ele me olhou bem nos olhos e perguntou:

— Você está preparada?

— Olha *uncle*, não sei do que o senhor está falando, mas ESTOU! — disse, firme.

Ele continuou olhando firme nos meus olhos.

— Você quer?

— Olha *uncle*, não sei do que o senhor está falando, mas QUERO!

— Tem certeza?

— TENHO!

Neste momento, ele olha para o cara que trabalha com ele e, com o olhar, pede pra ele falar comigo e o Scott me diz:

— *Ok*! Amanhã nós iremos para Falls Creek, nos Alpes, para participar do primeiro encontro entre cientistas e indígenas da história desse lugar, que no momento se unem para trazer ciência e conhecimento ancestral juntos, para proteger esse lugar. Você vai com a gente. Tem hotel para você ficar, acomodação paga e transporte. Saímos amanhã de manhã.

Ah!!! Estou rindo aqui enquanto escrevo isso para você. Adiei o voo de volta, liguei para o trabalho e disse que não voltaria em menos de dez dias e participei deste encontro mais do que memorável em

Falls Creek, uma comunidade do topo das montanhas onde até neva no inverno. Nunca mais vou me esquecer de nossos momentos e, especialmente, de todos nós sentados em roda em um ritual na natureza liderado por mulheres indígenas.

Dois anos depois, ainda com o encontro na cabeça, convenci um dos cientistas que conheci, John Morgan, a me contratar pela La Trobe University para que eu liderasse um projeto nos Alpes, especialmente Falls Creek, que envolvia escuta atenta da comunidade local com o uso de técnicas da Ecologia Profunda e do The Work That Reconnects. A intenção era entrevistar as pessoas sobre os impactos das mudanças climáticas, bem como saber quais são seus sonhos para o futuro daquela região e como chegar lá.

Formulei as perguntas com bastante foco em provocar pensamentos e emoções e entrevistei mais de 30 pessoas. Minha intenção era ouvir a comunidade e, de preferência, uni-la em ações que promovessem o cuidado humano, mas também a conservação e a proteção desse delicado e lindíssimo ecossistema que são os Alpes australianos. Tive mais de uma pessoa chorando ao responder as perguntas. As respostas que recebi de certa forma colocaram as pessoas no mesmo nível, mesmo as que pensam de maneiras bem opostas. Todas amam os alpes. Todas sentem os benefícios do contato com aquela natureza. Todas sonham com um futuro melhor. Essas semelhanças geram empatia, favorecem o diálogo e acordos mútuos. O que, por sua vez, diminui a energia de separação e aumenta o senso - e a necessidade - de união e trabalho conjunto por objetivos comuns. Realmente nos surpreendemos com a complexidade e o potencial deste projeto, que será publicado pela universidade e utilizado para guiar os próximos passos da comunidade dos alpes rumo à mitigação de mudanças climáticas e à sustentabilidade pelo bem-estar geral. A partir desta iniciativa, que nomeei de A Call from the High Mountains (Um Chamado das Altas Montanhas), esta metodologia poderá ser utilizada e replicada em outros lugares do mundo.

 Acaso? Não. Esse trabalho nasceu da minha observação das coincidências com significado. Confie nas sincronicidades.

E aí... como anda a sua percepção das sincronicidades em sua vida?

Você tem percebido os sinais?

Dá medo ao perceber essas coisas? Ou você sente alegria, senso de aventura?

10. POR FAVOR: DIVIRTA-SE!

Quando a gente abraça uma causa séria, corremos o risco de esquecer que a vida não é só servir à causa, é também se divertir. Duas mulheres que admiro muito já chamaram minha atenção para isso. Minha amiga Bebel Clark um dia me olhou e disse: "Desde quando a vida se tornou tão séria?" Já a Taci Carvalho até ensina isso publicamente: "Realize sua missão neste mundo, mas também curta a vida!" E elas têm toda razão. A vida não deve ser tão séria.

Lembre-se de se divertir ao longo da jornada. Esse livro todo é para te lembrar de se cuidar enquanto quer cuidar do mundo. E o autocuidado envolve sorrir, de preferência, todos os dias. "Eu sei, tem dias que isso é mais desafiador mesmo. Mas e quase todos os dias, será que você consegue?" Essa foi a frase que falei para mim mesma em um dos meus piores momentos na Austrália. Aos poucos, comecei a ficar mais atenta e, de maneira ativa, me propus a gerar felicidade. Gerar sorrisos. Ainda tem dias que acho que não sorrio, mas que delícia que é quando acontece!

Para ter certeza de que eu me divertiria mais, decidi celebrar meu aniversário o mesmo número de vezes que os meus anos de vida. Isso começou nos meus 42. Agora tenho 45 e sigo criando oportunidades de me divertir que vão desde ir sozinha até o deserto australiano para conhecer a majestosa rocha gigante Uluru, até pegar o meu carro e ir parando pela costa nas praias mais legais, a organizar uma conversa *online* com meus melhores amigos do mundo todo, a tomar um café com minha amiga e comer um macarrão numa cantina italiana enquanto arrisco falar italiano com o dono do restaurante. A cada celebração, me lembro que celebro a minha vida, minha história e quem sou. Vou colocando fotografias em uma pastinha do meu celular, para não me perder na contagem. E claro que sorrio toda vez que revejo as fotografias.

Faça coisas que você ama – como me ensinou a Paula, "ok, se você quer minha permissão para curtir, então você tem minha permissão!". Vá ser feliz. Quando uma pessoa boa como você, que se importa tanto com o bem da humanidade e do planeta, se põe a trabalhar, você é o primeiro ser da criação que merece sentir felicidade – porque você é foda. Você vale a pena. Você merece!

Qual foi a última vez que você sentiu que se divertiu? O que você fez e como foi?

Responda-se com sinceridade: está na hora de gerar mais diversão agora?

Faça uma lista de coisas que você quer muito fazer pelo próximo ano da sua vida e que com certeza vão te gerar alegria.

LEMBRAR NÃO CUSTA NADA

Meu amor, preste atenção: a vida te pede pausas, faz aflorar dores com as quais você não sabe lidar direito e te coloca em situações onde você, se se abrir para isso, passará a entrar cada vez mais em contato com o porquê espiritual de sua jornada por aqui. Ela vai te levar a caminhos profundos de autoconhecimento e colocar situações em que você vai se deparar com seu imenso poder pessoal de autotransformação e criação. Nessa jornada, o não saber é uma constante, mas junto dele, e de maneira absolutamente paradoxal, está esse não saber que abre portas ao saber perfeito, aquele no qual sabemos a direção, embora não consigamos enxergar todas as curvas e ladeiras do caminho.

Ignore as críticas e desencorajamentos que receber ao longo do percurso, caso venham de pessoas acomodadas e que não se atrevem a criar mudanças positivas em si mesmas e no planeta. Brené Brown, especialista em vulnerabilidade, disse algo muito poderoso sobre isso – lição aprendida depois de receber muitos insultos após uma famosa palestra: "Se você não está na arena também, levando chutes na bunda, então eu não estou interessada em seu *feedback*". Não dê ouvidos a essas pessoas, mas considere ouvir as outras.

Siga sempre em frente, lembre-se de usar a dor como aliada para gerar movimento, ouça sua alma, cuide-se, ofereça, peça e aceite ajuda, dê o seu melhor, aja. Você pode não observar uma diferença massiva e rápida como consequência da sua ação. Talvez a gente não veja em algumas gerações o impacto de nossas ações, mas saiba, sempre, que tudo o que fazemos tem importância e nada será em vão. Pessoas que de alguma forma trabalharam pelo fim do *apartheid*, da opressão contra as mulheres, da ditadura militar no Brasil, não sabiam que suas ações iriam resultar na mudança de regras sociais, na observação de valores éticos e morais, nos direitos das mulheres – mas elas agiram mesmo assim e hoje, graças a essas pessoas, podemos respirar mais tranquilos. "O muro da vida é pedrinha por pedrinha", como me ensinou meu amigo Lucas Avelar.

Eu sei que seu coração deseja que muitas coisas sejam diferentes e que elas mudem rápido, mas sabe o quê? Dê seus passos, um de cada vez, e saiba que o que quer que você faça, independente do tamanho do impacto que venha a causar, será visto e apreciado por Gaia e por todo universo. Nunca vai te faltar nada para que você exerça sua missão aqui da melhor forma possível.

É sempre bom lembrar: um dia nós vamos morrer. Seja qual for a sua causa – criar bem os seus filhos, plantar árvores, combater o desmatamento, criar uma nova educação ou uma nova política, não importa – deve ser bom chegar nesse momento e sentir que fizemos a vida valer a pena para além de nós mesmos.

PARA INSPIRAR SUA JORNADA

Um vídeo (que inclusive inspirou minha primeira tatuagem) e três textos, mas são os que mais me inspiram nessa jornada gostosa e cheia de aventuras e desafios que abraçamos:

Profecia do povo hopi:
    Agora vocês devem regressar e dizer-lhes a hora é o Agora!
    E dizer-lhes que há coisas a serem consideradas:
    Onde vocês estão morando?
    O que vocês estão fazendo?
    Quais são os seus relacionamentos?
    Vocês estão em boas relações?
    Onde está a água de vocês?
    Conheçam o seu quintal.
    É o momento de falarem a sua Verdade.
    Formem as suas comunidades.
    Sejam bons uns com os outros.
    E não procurem fora de vocês pelo líder.
    Este pode ser um tempo muito bom!
    Há um rio que agora está correndo muito rápido.
    Ele é tão grande e ágil que chegará a assustar alguns.
    Esses vão tentar ficar na margem,
    e se sentirão como que deixados de lado, e vão sofrer muito.
    Saibam, o rio tem o seu destino.
    Os anciãos dizem que precisamos deixar a margem,

saltar para o meio do rio, manter os olhos bem abertos
e as cabeças acima da água.
Vejam quem está lá dentro com vocês e celebrem.
Neste momento da história, não devemos fazer nada sozinhos, no mínimo entre nós mesmos.
Quando fazemos, nosso crescimento e jornada espiritual têm uma parada.
O tempo do lobo solitário acabou. Reúnam-se!
Abandonem a palavra esforço, conflito, da sua atitude e do seu vocabulário.
Tudo o que fizermos agora precisa ser feito de uma maneira sagrada e em celebração.
Nós somos aqueles por quem estávamos esperando.

Minha outra frase favorita vem de Gandhi: "Seja a mudança que você quer ver no mundo". Esta frase traz autorresponsabilidade. O mundo muda a partir de nós e não o contrário.

Também gosto muito de um trecho do discurso "Cidadania em uma República" (ou "O homem na arena"), feito por Theodore Roosevelt, em 1910. Ele disse:

> O crédito pertence ao homem que está por inteiro na arena da vida, cujo rosto está manchado de poeira, suor e sangue; que luta bravamente; que erra, que decepciona, porque não há esforço sem erros e decepções; mas que, na verdade, se empenha em seus fei-

tos; que conhece o entusiasmo, as grandes paixões; que se entrega a uma causa digna; que, na melhor das hipóteses, conhece no final o triunfo da grande conquista e que, na pior, se fracassar, ao menos fracassa ousando grandemente.

Filme *A Gathering of the Tribe* ("A união da tribo"), inspirado em uma história de Charles Eisenstein. Para ver cada vez que você precisar lembrar de lembrar...

Acesse o filme *A Gathering of the Tribe* utilizando o QR Code ao lado ou digitando https://www.youtube.com/watch?v=XinVOpdcbVc

O universo te vê, sorri e te cuida.
O planeta te ensina e te sustenta.
Seus ancestrais te protegem e orientam.
E as futuras gerações, bem como os seres de outras espécies, te agradecem.
Quando você terminar de ler esse livro, talvez eu já esteja em outro ponto da Terra, talvez não. A vida é uma surpresa. E eu sempre irei obedecê-la.
Espero te encontrar por aí.

CONHEÇA TAMBÉM

Amor Radical

SATISH KUMAR

Publicação em parceria com Escola Schumacher Brasil

O Amor é muito mais do que um sentimento: é uma escolha.

Em seu livro *Amor Radical*, Satish Kumar demonstra que a narrativa ingênua e romântica, muitas vezes vinculada ao Amor, está distante do que acontece quando essa escolha é feita como um conceito político, principalmente quando é realizada com clareza, propósito e organização.

Com pequenas histórias e inúmeros exemplos reais, o autor nos indica os passos possíveis e necessários que a humanidade precisa dar em direção do Amor como prática de transformação pessoal, econômica, social e ambiental.

Formato 15x23cm – 168 páginas

Esperança Ativa

JOANNA MACY E CHRIS JOHNSTONE

No coração desse livro está a ideia de que Esperança Ativa é algo que nós fazemos ao invés de algo que nós temos. É ter clareza sobre o que nós temos esperança que aconteça, então desempenharmos nosso papel no processo de fazer isso acontecer.

Quando nossas respostas são guiadas pela intenção de agir pela cura de nosso mundo, a confusão em que estamos não apenas se torna mais fácil de encarar, nossas vidas também se tornam mais significativas e satisfatórias.

Formato 15x23cm – 248 páginas – com gráficos e ilustrações

Ativismo Delicado

ALLAN KAPLAN E SUE DAVIDOFF

Publicação em parceria com Escola Schumacher Brasil

Os autores nos conduzem a compreensão de como o ativismo corajoso pode ser contundente e alcançar seus objetivos, ainda que praticado com ternura, escuta atenta e com entrega verdadeira nas relações entre todas as partes da questão.

Eles nos mostram o que as práticas de investigação conversacional podem oferecer para gerar respostas inteligentes. Com exemplos reais, experimentamos o que o próprio ativismo delicado propõe: a consciência como prática.

Formato 15x23cm – 160 páginas

www.bambualeditora.com.br